Dez Histórias de Fada

Coleção
Dez Belos Contos

VOL. 1

VILLA RICA
BELO HORIZONTE
Rua São Geraldo, 53 — Floresta — Cep. 30150-070
Tel.: 3212-4600 — Fax: 3224-5151
e-mail: vilaricaeditora@uol.com.br
Home page: www.villarica.com.br

Andersen

Dez Histórias de Fada

VILLA RICA
Belo Horizonte

Coleção
Dez Belos Contos

1. Dez Histórias de Fada - Andersen
2. Dez Histórias de Fada - Grimm
3. Dez Histórias de Fada - Perrault

ÍNDICE

FICHA CATALOGRÁFICA

	Andersen
A544d	Dez histórias de fada / Andersen. - Belo Horizonte : Villa Rica, 2007.
	p. 168 (Dez Belos Contos, 1)
	ISBN 978-85-7344-2
	1. Literatura infantil. I. Título. II. Série.
	CDU 821.134.3-053.5

2007

Impresso no Brasil
Printed in Brazil

A PEQUENA SEREIA

O mar é azul e transparente como um cristal. Há oceanos tão profundos que, dentro deles, as montanhas mais altas ficam inteiramente submersas. No fundo dos mares estendem-se bosques, repletos de árvores, folhagens e flores maravilhosas. Vivem ali todas as espécies de peixes e no mais profundo abismo oceânico, ergue-se o palácio do rei do mar, com paredes de coral e largas janelas de âmbar. Cercam os seus jardins grandes ostras, ostentando pérolas, que se fecham ou se abrem de acordo com as correntes marítimas.

Nada pode haver de mais belo do que o palácio do rei do mar!

Tendo se enviuvado havia alguns anos, o monarca vivia em companhia de sua velha mãe. Era um homem muito inteligente e governava com sabedoria e firmeza, preocupando-se sobretudo com suas seis filhas, a mais bela das quais era a caçula, que chamava a atcnção pela alvura e pelo rosado de sua cútis.

As princesas costumavam passar o tempo divertindo-se com jogos e brincadeiras nos salões do palácio ou em seus imensos jardins, e, para habituá-las a ocupações sistemáticas, a fim de que não se tornassem um tanto indolentes, a avó lhes impusera tarefas capazes de lhes assegurar capacidade criativa e o gosto pelas artes.

A região onde se erguia o palácio rcal cra sujcita a freqüentes tempestades, que acarretavam muitos naufrágios. E os restos dos navios afundados ofereciam às princesas muitos objetos que elas aproveitavam para ornamentar seus locais de distração.

A sereia mais moça conseguira uma linda estátua de mármore branco representando um belo adolescente. Junto da estátua, a pequena sereia plantou um salgueiro-chorão cor-de-rosa uma raríssima espécie das regiões abissais e a árvore cresceu em pouco tempo.

O que mais deleitava à jovem princesinha do mar era ouvir falar a respeito do mundo dos homens, dos seres que viviam em terra firme, que se aventuravam a viajar pelas águas tempestuosas tripulando frágeis embarcações.

A avó costumava contar belas histórias às princesinhas:

— O astro-rei parece esconder-se atrás das montanhas e mergulhar no mar. A água, às vezes se torna cor de ouro, outras vezes cor de fogo...

A pequena sereia não compreendia como fora do mar houvesse milhões de homens, mulheres e crianças, como o jovem da estátua de mármore.

— Deve ser maravilhoso vê-lo! — exclamava, às vezes.

— Realmente, é — admitia a avó. — Quando fizeres quinze anos, terás permissão de subir à superfície do mar e de sentares nos rochedos, ao luar. Também poderás aproximar-te da costa e contemplar as cidades, os bosques e as aves.

O tempo passou, e chegou o dia em que a irmã mais velha fez quinze anos, data em que foi autorizada a subir à superfície das águas. Só voltou ao fundo do mar um mês depois, mas veio contando as maravilhas que sua avó costumava contar:

— À noite, as cidades ficam profusamente iluminadas e ouvem-se músicas e canções... Gostei muito das torres das igrejas e do badalar dos sinos...

Com que emoção, com que ansiedade, a mais moça das irmãs ouvia tais palavras!

Quando, no ano seguinte, a segunda das pequenas sereias teve licença de sair do palácio, subiu à superfície do mar justamente no momento em que o Sol se punha. O céu, coberto de nuvens, pareceu-lhe uma fantástica sinfonia de cores. O que mais a surpreendeu, porém, foi o vôo das gaivotas.

A terceira irmã, que era mais audaciosa, quando fez quinze anos, subiu o curso de um rio, contemplando paisagens belíssimas: colinas muito verdes, montanhas escarpadas, cobertas de neve. Também ficou conhecendo um estranho animal peludo, que os meninos chamavam de cão.

A quarta princesa, que era a mais tímida de todas, limitou-se a ficar sentada em um rochedo, contemplando a passagem dos navios.

A quinta irmã completou os quinze anos em pleno inverno e teve ocasião de admirar um espetáculo jamais imaginado: a terra coberta por um alvíssimo manto de neve. E viu também enormes icebergs, onde a luz solar se refletia como nas pérolas gigantes.

E, além disso, assistiu ao naufrágio de um grande navio, com mortes e sofrimentos, e tal tragédia entristeceu o seu coraçãozinho.

Afinal, chegou o dia tão esperado pela pequena sereia caçula.

— Já tens idade suficiente, minha neta, anunciou-lhe a rainha-mãe. Enfeitarei a tua cabeça com lírios brancos e estarás linda quando chegares lá em cima. Deves ter muito juízo, muita prudência. E lembra-te de tudo que te ensinamos.

— Já posso ir?

— Podes, sim.

Quando a pequena sereia chegou à superfície do mar, as nuvens ainda brilhavam, douradas, cor-de-rosa, e no alto do céu luzia a Estrela Vésper. Era quase imperceptível a brisa na puríssima atmosfera, e o mar estava tranqüilo como um lago.

Via-se a pequena distância um belo veleiro de três mastros, em cuja coberta movimentavam-se inúmeros jovens, enquanto se ouvia uma linda música.

"Deve ser uma festa" pensou a pequena sereia.

Entre todos os ocupantes do barco, um jovem se destacava, tanto por sua própria formosura como pela elegância e bom gosto de suas vestes. A sereia deduziu que devia se tratar de um príncipe, pois o jovem se parecia muito com o representado na estátua de mármore que havia no jardim submarino.

Fogos de artifício em grande quantidade, e constituindo um belíssimo espetáculo, foram disparados da coberta do barco. E de novo a pequena sereia viu o príncipe, encostado na amurada, com os olhos azuis atentos à exibição pirotécnica.

Quando todos os jovens já haviam se retirado da coberta, o céu passou a cobrir-se de nuvens, que vinham empurradas por um vento muito frio. Um violento temporal desabou de repente, e a pequena sereia viu o barco violentamente sacudido pelas ondas.

Horrorizada, assistiu ao desmoronamento dos mastros, arrancados pelo furacão. Os marinheiros se esforçavam para dirigir o navio, que era varrido de proa a popa pelas ondas, semelhantes a

enormes e negras montanhas. Ao sabor das vagas e do vento ficou o barco, que ora parecia ter sido tragado pelo abismo marítimo, ora reaparecia à superfície das águas, como que por um milagre.

Rangiam as grandes pranchas de madeira da nave, como que prestes a se desintegrarem. O leme passou a ser açoitado diretamente pela fúria do mar. O caos reinava a bordo. E a pequena sereia compreendeu a inevitabilidade do naufrágio. Teve, então, uma idéia: salvar o lindo príncipe, torná-lo seu!

Logo, porém, se lembrou, desolada, que os seres humanos não podem viver dentro da água. E ela o queria bem vivo!

Impulsivamente, nadou, veloz, entre os destroços do naufrágio, até que encontrou o príncipe, o qual, perdido no meio das águas agitadas, estava se afundando. Segurando-o pelos ombros, ela o trouxe para a superfície e nadou, arrastando-o. Tendo o cuidado de mantê-lo sempre com a cabeça fora da água, para que não se afogasse, a sereia conseguiu chegar a um grande rochedo, onde descansou durante bastante tempo, cansadíssima que estava pelo esforço feito.

Acomodou o jovem no rochedo, constatando, jubilosa, que ele respirava, embora continuasse sem sentidos.

Como era belo! Muito mais do que a estátua de mármore do jardim do palácio.

Sem se conter, ela o beijou nos lábios, e ficou durante horas o contemplando, embevecida, e notando como as suas faces iam, pouco a pouco, de pálidas se tornando róseas, sinal evidente de que o moço estava recuperando a energia vital.

De repente, a princesinha teve medo. Que diria o jovem se, ao voltar a si, se visse diante de uma sereia? A princesinha teve vergonha de sua cauda de peixe. E, como a tempestade já cessara quase de todo, segurou de novo o príncipe pelo ombro e nadou rumo à costa distante, até chegar a uma praia coberta por finíssima areia.

A noite já caíra de todo, e a solidão era absoluta. A princesinha ficou junto do jovem até o amanhecer, e, logo que o primeiro clarão da aurora surgiu no horizonte, tratou de afastar-se, a fim de não ser vista por aquele que livrara da morte.

Tinha certeza de que o príncipe seria encontrado dentro em pouco. E, muito triste, mergulhou no mar e voltou ao palácio do rei seu

pai, onde se refugiou em seus aposentos, relembrando, chorosa, o que acontecera.

O tempo foi passando, mas a tristeza da pequena sereia se agravava, em vez de melhorar. Preocupada, a avó resolveu interrogá-la.

— O que está se passando contigo, minha filha? É evidente que algo está te atormentando, e atormentando muito.

E a princesa confiou à avó o seu segredo, revelou a angústia que lhe dilacerava o coração. E feita a confidência, perguntou por sua vez:

— Se não se afogarem, os homens vivem para sempre?

— Não — respondeu a rainha mãe. — Os homens são mortais, e a sua vida é muito mais curta do que a nossa.

Vivemos mais de trezentos anos, mas não temos uma alma imortal como os homens. Somos iguais às algas. Quando morremos, nos transformamos em espuma e ficamos flutuando sobre as águas. Quando os homens morrem, a sua alma voa para o céu.

— Acho horrível essa idéia de que, depois de morta, não passarei de espuma. Não há maneira alguma de se adquirir uma alma imortal?

— Há, sim — respondeu a avó. Mas praticamente irrealizável. Seria preciso que um homem te amasse a tal ponto que se unisse a ti

para sempre. A sua alma, então, passaria para o teu corpo. Isso, porém, jamais acontecerá. O que no mar é formoso (refiro-me à cauda de peixe) na terra é considerado feio. Os seres humanos acham que o corpo só pode ser belo quando tem duas pernas.

E, carinhosa, a avó procurou consolar a jovem:

— Não te desesperes, filhinha. Trata de rir e distrair-te durante os trezentos anos que te restam, e não sonhes com coisas impossíveis.

E a rainha-mãe tratou logo de organizar numerosas festas, a fim de distrair a neta, sem êxito, porém. A princesinha continuava cada vez mais triste, emagrecendo a olhos vistos e assustando deveras a sua família. Havia uma pessoa, uma única pessoa, que poderia ajudá-la, mas a jovem sereia sentia um tremor de medo, só de pensar em tal possibilidade. Pouco a

pouco, porém, o espírito da princesa foi se acostumando à idéia de recorrer ao temerário recurso... E, afinal, resolveu: iria procurar a terrível bruxa do oceano!

Em certa noite, em que a água do mar estava negra como carvão, a jovem se atreveu a seguir o terrível caminho que levava à apavorante caverna da feiticeira. Assustou-se ao penetrar em um sinistro bosque submarino, cujas árvores eram metade plantas e metade animais. O caminho foi se estreitando cada vez mais e horrendas serpentes tentavam agarrar a caminhante, chegando a tocá-la, com os seus corpos viscosos, repugnantes. Ela, porém, apressando o passo, conseguiu escapar.

Chegou, finalmente, ao seu destino. Sobre uma espécie de ilha, escarpada, erguia-se uma casa, feita com ossos de marinheiros mortos em naufrágios.

Era a residência da bruxa do oceano.

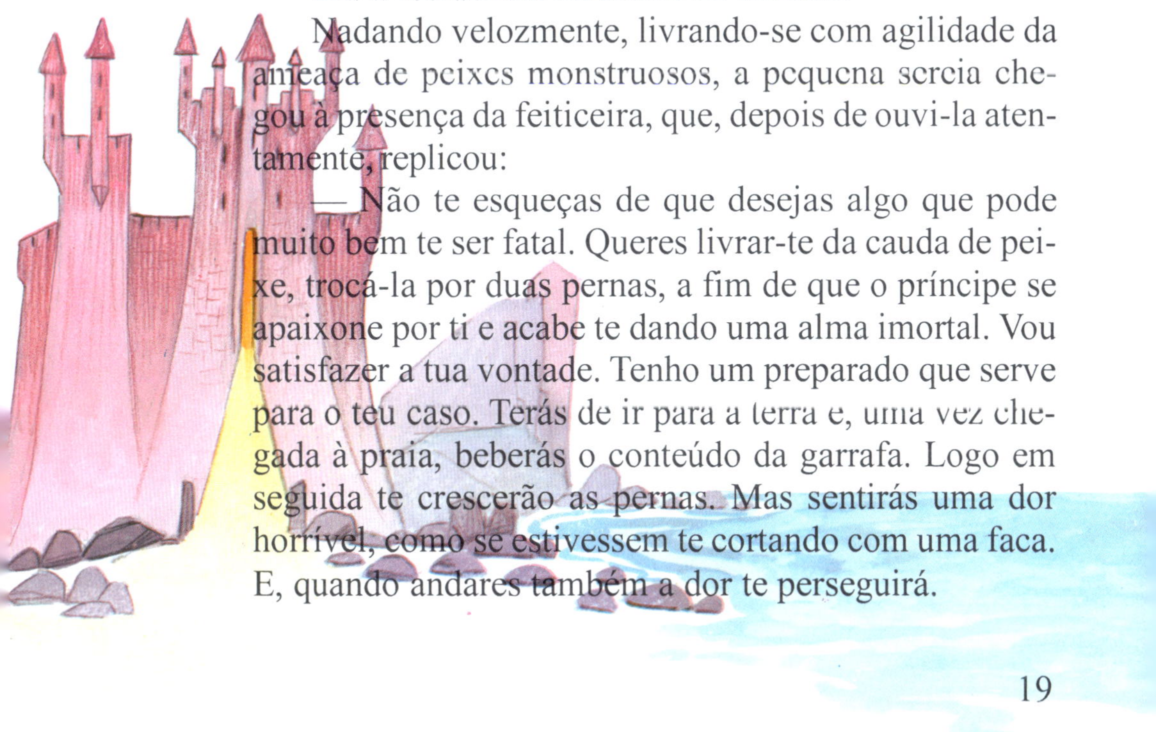

Nadando velozmente, livrando-se com agilidade da ameaça de peixes monstruosos, a pequena sereia chegou à presença da feiticeira, que, depois de ouvi-la atentamente, replicou:

— Não te esqueças de que desejas algo que pode muito bem te ser fatal. Queres livrar-te da cauda de peixe, trocá-la por duas pernas, a fim de que o príncipe se apaixone por ti e acabe te dando uma alma imortal. Vou satisfazer a tua vontade. Tenho um preparado que serve para o teu caso. Terás de ir para a terra e, uma vez chegada à praia, beberás o conteúdo da garrafa. Logo em seguida te crescerão as pernas. Mas sentirás uma dor horrível, como se estivessem te cortando com uma faca. E, quando andares também a dor te perseguirá.

— Não me importo, se assim puder viver ao lado do príncipe e ter uma alma imortal —disse a princesa.

— Fica, também, sabendo, quc, uma vcz transformada em ser humano, não poderás voltar a ser sereia — advertiu a bruxa. — E, se não conseguires o amor do príncipe, não terás uma alma imortal. Além disso, se ele se casar com outra mulher, ficarás tão triste, tão desesperada, que te converterás em espuma. Pensa bem, sereiazinha, antes de decidires.

— Aceito! — replicou a princesa, pálida como um defunto.

— Mas ainda tens que pagar-me — disse a feiticeira. — E o preço que vou cobrar é muito alto. Tenho uma voz fanhosa, muito feia, e tens uma linda voz. Quero que ela passe a ser a minha.

— Mas, se tirares a minha voz, o que me restará? — indagou a princesa.

— O teu lindo corpo, o teu belíssimo rosto, teus olhos tão expressivos. Tudo isso é capaz de atrair muito um homem. Decide!

— Vim disposta a tudo, e não vou recuar!

— Então, aperta com força este frasco, e pensa que a tua voz é minha.

A princesinha obedeceu, sem hesitação, à ordem da bruxa. E nem pôde despedir-se dela: ficara muda!

Atordoada, mas impetuosa, a jovem saiu da caverna e nadou sem descanso, até chegar à praia que ficava perto do palácio do príncipe. Sem demora, bebeu o conteúdo do frasco que a bruxa lhe dera e teve a impressão de que era cortada, sem dó nem piedade, por faca afiadíssima, da cintura para baixo. A dor foi tão forte, que não resistiu: caiu desmaiada.

Quando recuperou os sentidos, viu-se deitada em um leito, no interior do palácio, e ao seu lado se encontrava o príncipe, que a encarava, sorridente.

— Quem és? — ele perguntou.

A princesinha tentou responder, mas a voz não lhe saiu da garganta.

— Que pena que sejas muda! — exclamou o príncipe. — És a criatura mais bela que já vi em toda a minha vida! Aqui estão alguns vestidos de minhas irmãs que podem te servir. Deves ter sido vítima de um naufrágio, e as ondas furiosas te arrancaram as vestes. Agora, descansa, e mais tarde nos encontraremos.

"Se soubesses que, para ficar ao teu lado, sacrifiquei a minha linda voz!" pensou a princesa.

Quando ficou a sós, entretanto, consolou-se, de certo modo, ao ver as pernas realmente esculturais que haviam substituído o seu antigo rabo de peixe. Por outro lado, quando foi caminhar sentiu uma dor tão cruciante, que chegou a pensar que ia morrer. Foi preciso recorrer a muita força de vontade para se manter de pé e chegar até junto do príncipe, que a acolheu com grande entusiasmo, e, a partir de então, passou a acompanhá-la por toda a parte.

A jovem, apesar de tudo, se sentia feliz. Percebia que aumentava, constantemente, a admiração, o afeto que o príncipe lhe dedicava. Uma preocupação, porém, não lhe dava descanso:

"Se eu não tivesse perdido a minha linda voz, poderia dizer-lhe quanto o amo".

Certo dia, uma terrível novidade chegou-lhe aos ouvidos: o príncipe ia casar-se com uma formosa princesa, filha do rei de um país vizinho.

— Quero que me acompanhes na viagem, e espero que não tenhas medo do mar, minha linda mudinha — disse o príncipe à sua

hóspede, que teve de fazer um esforço enorme para sorrir. — Gosto muito, muito mesmo, de ti. Tanto quanto de minhas irmãs.

É claro que não era esse amor que a jovem desejava para conseguir uma alma imortal. Sem voz, porém, como fazer com que ele ficasse conhecendo os seus sentimentos?

Os viajantes foram recebidos com grandes festas no reino vizinho. A noiva do príncipe era, realmente formosíssima, e, além disso, era dona de uma voz doce, melodiosa. Até então, apesar de noivos, os dois nunca tinham se visto. Bastou vê-la, porém, para que ele se apaixonasse.

— Como estou feliz! — confidenciou depois à sereia. — E sei que tu também te sentes satisfeita, pois vejo que gostas muito de mim.

"No dia do casamento, serei transformada em espuma" pensou a jovem, mal contendo as lágrimas.

Os sinos repicavam em todas as igrejas; os menestréis recitavam os seus melhores poemas; os cantores entoavam as mais belas canções; as damas e os cavalheiros envergavam os seus melhores trajes.

E a desventurada sereia acompanhava com a mais terrível angústia aqueles preparativos.

Na cerimônia nupcial, foi ela que segurou a cauda do riquíssimo manto da noiva.

Os seus ouvidos sequer percebiam a música solene, seus olhos nada viram do ritual sagrado. Um único pensamento ocupava-lhe a mente: Estava perdendo, ao mesmo tempo, o amor, a vida e a alma imortal!

Depois do banquete nupcial, os recém-casados e os convidados embarcaram no navio real, entre salvas de artilharia e drapejar de bandeiras.

O vento inflou as velas e a nave deslizou mansamente pelo mar muito calmo. Ao anoitecer acenderam-se luzes numerosas e teve início uma grande festa, que se prolongou até as últimas horas da madrugada. A jovem sereia foi forçada a dançar, embora martirizada pela dor nas pernas. Não pouparia sacrifícios, até o momento supremo, em homenagem ao príncipe dos seus sonhos.

Quando amanheceu, todos foram dormir, menos a jovem sereia, que se debruçou na amurada do navio, tristíssima, com os olhos postos no mar, fixamente.

De súbito a profunda tristeza refletida em seus olhos se mudou em alegria. Emergiram do mar todas as suas irmãs, todas com os cabelos cortados.

— Oferecemos os nossos cabelos à bruxa do oceano, que, em troca, nos deixou vir em tua ajuda, para que não morras — anunciou a irmã mais velha. — Ela nos entregou este punhal. Toma-o. Antes de ter nascido o Sol, deves cravá-lo no coração do príncipe. Tornarás, então, a ser uma sereia. Trata de agir prontamente. Do contrário, morrerás antes que amanheça.

As cinco princesas desapareceram, então, sob as águas, e a jovem sereia, tremendo fortemente dos pés à cabeça, dirigiu-se à câmara nupcial.

O príncipe dormia — um sono calmo, sossegado — nos braços da esposa.

A pequena sereia beijou de leve a fronte do amado, e ergueu o braço que empunhava a arma.

Fechou os olhos, ao mesmo tempo em que sentia um terrível aperto no coração.

"Não, mil vezes não!" disse a si mesma, resoluta, "Prefiro eu mesma morrer!"

E, correndo ao tombadilho, atirou-se ao mar, a fim de se transformar em espuma. Pela primeira vez na vida, sentia-se plenamente feliz, sacrificando-se pelo homem que amava.

Ao cair no mar, muito surpresa viu-se rodeada de inúmeros seres, belíssimos, mas ao mesmo tempo transparentes, e começou a ouvir as suas vozes, suaves e harmoniosas. E constatou ainda que o seu próprio corpo já não se encontrava dentro da água, e sim flutuando no ar.

— Para onde estou indo? — perguntou, recuperando de repente a voz.

— Estás indo juntar-te às filhas do ar — respondeu uma voz melodiosa. — As sereias não têm a alma imortal, a não ser que a consigam graças ao amor dos homens. Nós, as filhas do ar, conseguimos a imortalidade com as nossas boas ações.

"Nós voamos sobre as terras muito quentes, para aliviar com brisas suaves o mal-estar que o excesso de calor provoca nos seres humanos. Também nos encarregamos de espalhar o perfume das flores e o cheiro forte do mar. Depois de praticarmos o bem durante trezentos anos, embelezando a vida, aliviando os enfermos, recebemos como recompensa a vida eterna, do mesmo modo que os seres humanos.

Surpresa e feliz, a pequena sereia escutava aquelas inesperadas explicações.

— Sofreste com paciência, amaste muito e sinceramente resististe à tentação do punhal da bruxa — continuou a voz. — conquistarás a imortalidade da alma, como desejaste. Daqui a trezentos anos, se não desistires de praticar o bem, subirás ao reino de Deus.

E assim aconteceu, muito antes, porém, do prazo previsto. A bondade e a ternura da jovem sereia fizeram com que se adiantasse a hora do milagre de sua chamada ao céu: não se cansava de penetrar nas casas mais humildes das regiões tropicais, a fim de que, levando a doçura de um ar puro e perfumado, aliviasse o sofrimento de seus moradores, sobretudo as crianças. A pequena sereia encontrou, por fim, uma alma imortal e foi feliz por toda a eternidade.

A ROUPA INVISÍVEL DO REI

Em um país longe havia um rei que gostava de se vestir muito bem, e que por isso gastava a maior parte de suas rendas ampliando e mantendo em dia o seu guarda-roupa. Comprava, tão logo via ou sabia da existência, qualquer novidade em tecido ou confecção.

Tinha tantas roupas, que podia passar cinco anos sem repetir seus trajes, usando um em cada dia. E na corte, quando alguém perguntava pelo rei, era muito comum ouvir-se a resposta:

— Está no vestiário.

Aconteceu que, certo dia, chegaram à capital do reino dois vigaristas, que, quando souberam da mania do rei de se vestir bem, espalharam a notícia eram tecelões e alfaiates chegados de um país longínquo, e que sabiam fabricar os tecidos mais belos, as vestes mais elegantes. E afirmavam, ainda por cima:

— As roupas que confeccionamos têm a singular virtude de só serem visíveis para os olhos das pessoas inteligentes. Os burros e os ignorantes não podem ver os nossos maravilhosos tecidos.

Ao ouvir um cortesão contar o caso, o rei comentou:

— Devem ser tecidos maravilhosos. Seria muito interessante para mim usá-los, pois não somente estaria me trajando de acordo com a minha alta hierarquia, como poderia saber se estou rodeado de pessoas inteligentes.

Muita gente tremeu de medo ao ouvir essas palavras do rei, que logo mandou entregar uma bolsa cheia de ouro aos supostos alfaiates, com o convite para que fossem vê-lo. Naturalmente, os dois malandros não esperaram novo convite. E convenceram o monarca de que lhes seria fácil fazer o que haviam prometido, com a condição de lhes ser adiantado o dinhei-

ro necessário para a a-quisição dos teares e dos fios de ouro e prata necessários para confeccionar os tecidos.

O rei concordou, adiantou uma farta importância, e os vigaristas se instalaram em urna espaçosa tenda, montaram um complicado

tear, e começaram a requisitar várias matérias-primas, principalmente fios de ouro, que escondiam corno parte do lucro que esperavam obter com a tramóia.

Passaram-se alguns dias. Curiosos se aproximavam da tenda, sem conseguir ver coisa alguma. Os dois farsantes passavam horas e horas fingindo que estavam trabalhando, e até durante a noite deixavam as luzes acesas. Quem passava por ali, acreditava que eles estavam realmente ocupados em confeccionar as roupas do rei.

Corria pela cidade a notícia de que os tecelões estrangeiros estavam confeccionando tecidos maravilhosos. Os que conseguiam se aproximar da tenda onde os malfeitores fingiam trabalhar não viam coisa alguma, mas se calavam,

com receio de que, se dissessem a verdade, estariam comprovando a sua falta de inteligência.

— Enquanto isso, o tempo passava e os falsos artesãos não se cansavam de requisitar fios de ouro e de prata. O rei se impacientava com a demora e, afinal, resolveu mandar o primeiro — ministro verificar como ia o trabalho.

Logo que entrou na suposta oficina dos farsantes, o velho ministro olhou para o tear e o viu vazio. Cautelosamente, porém, não fez comentário algum.

Com o maior cinismo, os vigaristas apontaram para o tear.

— Veja que maravilhoso tecido, Excelência! — disseram.

"Deus que me proteja!" pensou o ministro, desolado. "Sou burro como uma porta! Jamais poderia imaginar!"

Com gestos sugestivos, os salafrários apontavam para o tear:

— Veja Vossa Excelência que beleza este dragão de cinco cores! e observe o

fogo que ele lança pela boca. E o que acha da montanha no fundo? E a cristalina transparência das águas do lago?

O primeiro-ministro se refez um pouco, conseguiu articular algumas palavras:

— Estou mudo de admiração. Sois, realmente, grandes artistas!

— Pegue no pano para constatar a sua finura e macieza, Excelência! — insistiam os dois trapaceiros, fingindo pôr o tecido inexistente junto das mãos do ministro.

— Realmente é admirável — disse o ministro. — vou dizer ao rei que os tecidos são maravilhosos.

Os dois intrusões aproveitaram a oportunidade para pedir mais dinheiro.

— Temos de acabar de fazer o tecido para então fazermos as roupas — explicaram.

O alto dignitário concordou com o pedido e respirou aliviado quando se viu do lado de fora.

"Posso não ter inteligência, mas bobo é que não sou" pensou. "Não vou perder o cargo porque não sou capaz de ver os tecidos".

E, quando chegou ao palácio, informou:

— É realmente admirável, Majestade!

— Fico satisfeito em saber — disse o rei. Não é de se admirar que eles demorem tanto e empreguem tantos fios de ouro. Não importa o custo, se tudo sair bem.

Passaram-se mais alguns dias, e a impaciência do rei ia aumentando. E uma tarde, ele resolveu fazer uma visita aos tecelões. Foi acompanhado de vários cortesãos.

Ao vê-lo chegar à "oficina", os farsantes o saudaram com reverência.

— Quanta honra para nós, Majestade! — exclamou um deles.

— Por coincidência — acrescentou o outro — íamos amanhã procurar Vossa Majestade, para tomarmos as medidas.

O rei ficou petrificado ao ver o tear vazio. Não via absolutamente nada, mas, em torno dele, todos os cortesãos lançavam exclamações entusiásticas, fingindo admiração pelos tecidos inexistentes.

“Será possível que eu sou burro até esse ponto?” pensou o rei. “Seria horrível se eu confessasse ser inapto para a elevadíssima posição que ocupo. O que diriam os meus súditos, se soubessem que não passo de um refinado cretino?”

— Uma vez que Vossa Majestade está aqui, vamos aproveitar para tomarmos as medidas — sugeriu um dos trapaceiros. — Com sua licença, Majestade!

E tomaram as medidas.

Quando o rei e sua comitiva regressaram ao palácio, os comentários dos cortesãos eram unânimes. Todos procuravam os mais sugestivos adjetivos para exaltar a beleza dos tecidos.

E, poucos dias depois, os dois malandros, levando uma cesta de vime vazia, apresentaram-se no palácio, a fim de realizar as primeiras provas.

O rei ficou nu e os dois fingiram cobri-lo com as novas roupas, comentando ao mesmo tempo:

— Está muito bem... Perfeito!... Ficaram ótimas!

E o próprio rei, enquanto sc via cm trajes menores, fingia grande admiração por sua roupa enquanto se contemplava no espelho.

— Que tal estou? — perguntou aos cortesãos.

— Está impressionante, Majestade! — afirmou um deles.

— Vossa Majestade é, sem sombra de dúvida, o homem mais bem vestido do mundo! — acrescentou um outro.

O rei não pôde deixar de sorrir diante do elogio, pensando ,que, na realidade, era o homem mais burro do mundo. Mas não podia confessar.

— Amanhã exibirei no grande desfile o meu soberbo traje — anunciou. — O povo, que não é muito esclarecido, não poderá admirá-la. Tenho dó dos tolos e ignorantes, que não estão em condições de vê-lo.

No dia seguinte, efetivamente, os dois farsantes fingiram vestir no rei o seu traje de gala e logo saíram, confundindo-se com a multidão. Queriam, antes de fugir com a valiosa riqueza que haviam acumulado, divertir-se um pouco à custa de um rei tão vaidoso quanto tolo.

E aconteceu que, quando o rei, envergando trajes menores, se dirigia, todo compenetrado, à tribuna de onde assistiria ao desfile das tropas, um grupo de meninos que se encontrava na primeira fila começou a rir. E um deles exclamou:

— O rei está nu!

A comitiva se deteve. Os lacaios que fingiam carregar a cauda do grande manto, pararam, embaraçados.

— O que estais dizendo, ignorantes? — perguntou o primeiro-ministro aos meninos, em tom ameaçador.

Os meninos não paravam de rir, e o rei começou a ficar corado de vergonha. O riso não tardou a contagiar a multidão.

— Deus que nos ajude! — exclamou uma velha. — Como se permite que o rei ande dessa maneira em uma recepção oficial, ele que sempre foi tão elegante?

E, assim dizendo, aproximou-se do soberano, que não conseguia dominar a tremedeira, e entregou-lhe um xale para que se cobrisse.

— Tome, Majestade — disse-lhe. — Cubra-se com este xale, pois do contrário, Vossa Majestade poderá resfriar-se.

— Por acaso não vês a minha túnica de seda, bordada a ouro? — retrucou o monarca. — És tola assim?

— Não sei se sou tola — contestou a mulher. — O que sei é que Vossa Majestade está fazendo um papcl ridículo.

Cada vez mais desconcertado, o rei olhou em torno. Os meninos continuavam a rir e os cortesãos estavam cabisbaixos, compreendendo a peça que lhes fora pregada.

Um general, que fazia parte da escolta real, cofiava o bigode, sem saber se ria também.

“A situação está esquisita” pensou o rei. Mas, sem querer dar o braço a torcer, disse à velha:

— Obrigado, mas não preciso do teu xale. A túnica e o manto que trago me abrigam suficientemente. Lamento que a tua ignorância não te permita ver a elegância do meu traje.

— Abri caminho! — gritou o chefe da guarda. — A comitiva precisa passar.

A velha afastou-se, murmurando:

— Eu acho que todo o mundo enlouqueceu. São tão idiotas todos que não se atrevem a reconhecer que foram enganados por uns trapaceiros.

O rei subiu à tribuna, e ali conseguiu se manter durante alguns momentos. Mas acabou sentindo um arrepio de frio e deu um espirro.

Virou-se, então, para o primeiro-ministro:

— Diga-me, Excelência, é verdade que estou despido?

O ministro hesitou um pouco, mas afinal se atreveu a dizer:

— Se Vossa Majestade quer saber a verdade, o fato é que devo ser muito burro... porque não estou vendo roupa alguma!

— Nós todos não passamos de uns idiotas! — desabafou o soberano. — Fomos enganados, por causa da nossa vaidade. Eu também nada vi mas menti que estava vendo para não parecer burro aos vossos olhos. Esperto foram aqueles dois trapaceiros que nos tornaram objetos de riso de todo o povo.

E, imediatamente, o rei ordenou que lhe dessem um manto, subiu na carruagem e voltou ao palácio.

Naturalmente, tentaram prender os dois espertalhões, mas eles já haviam saído da cidade, levando o dinheiro e os fios de ouro que haviam tomado do rei. Este, aliás, ordenou que não os perseguissem:

— Deixemo-los ir em paz. Vale mais a lição que me foi dada do que todo o dinheiro que eles conseguiram. A culpa foi minha, porque a vaidade me impediu de ver a evidência. Na verdade, aqueles homens deveriam até ser recompensados. Espero que também vós, queridos conselheiros, não vos — esqueçais do que aconteceu, porquanto a culpa, vejo agora, não foi só minha. Vosso servilismo, o espírito de adulação, vos tornou também vítimas do engano. Ninguém queria passar por tolo, quando, na verdade, somos todos tolíssimos.

Realmente, ninguém se esqueceu da lição. E as coisas no reino melhoraram muito com isso.

O SOLDADINHO DE CHUMBO

Era uma vez vinte e cinco soldadinhos de chumbo, todos eles irmãos porque tinham sido fundidos com o metal de uma velha e enorme colher. Mantinham os fuzis no ombro e seus olhos miravam firmes à frente. Seus uniformes, vermelhos e azuis, eram muito galantes.

A primeira frase que eles ouviram quando foi aberta a tampa da caixa onde se encontravam foi dita com grande alegria por um menino, e os fez se sentirem importantes:

— Soldadinhos de chumbo! Como são bonitos, mamãe!

Era presente de aniversário e o menino estava encantado.

Com pressa e nervosismo começou a enfileirar sobre a mesa os minúsculos brinquedos. Pareciam todos iguais, mas...

Não, não eram iguais. Havia um que era diferente dos demais.

Faltava-lhe uma perna porque fora o último a ser fundido e o chumbo acabara.

— Ele fica em pé, como os outros! Será que é um ferido de guerra? Parece mais valente do que seus irmãos!

Sobre a mesa se amontoavam outros brinquedos, no meio dos quais sobressaía um lindo castelo de papelão, com amplas janelas.

À sua esquerda, várias árvores contornavam um espelho, que parecia fazer o papel de um lago e no qual nadavam seis cisnes de cera. Todos os brinquedos eram maravilhosos, mas nada se igualava em graça e formosura a uma bailarina que se achava à porta do castelo.

A bailarina era de papel e ostentava um traje lindo. Uma estreita faixa azul, que enfeitava o vestido, exibia no centro uma cintilante estrela de latão, do tamanho do seu rosto. Seus braços estavam estendidos e a perna direita erguida, de tal maneira que o soldadinho de chumbo supôs que a ela também faltava uma perna.

— É a mulher que necessito pensou, mas logo se deixou vencer pelo fatalismo. — Ela vive muito acima de mim. Mora num palácio, enquanto eu vou continuar junto dos meus vinte e quatro irmãos, numa pobre caixa de papelão. Que poderia eu oferecer a uma princesa?

Em seguida ele se colocou por trás de uma tabaqueira, e desse esconderijo pôde contemplar à vontade a linda bailarina, que continuava a manter sua difícil postura sobre um pé só.

Por um momento ele julgou vê-la flutuar no ar, tão leve como a pluma de um cisne levada pela suave brisa do entardecer.

A poesia transbordava da alma do ingênuo soldadinho de chumbo.

O ar lhe pareceu perfumado por um aroma de flores. Seu entusiasmo cresceu ao notar que várias mariposas adejavam ao redor daquela que parecia uma princesa, afagando com as asas o seu lindo rosto...

Como era bonita! O soldadinho olhava de vez em quando, com profunda tristeza, para o seu coto de perna.

— Que serventia tem um inválido para uma criatura tão linda como a bailarina?

Mas... acabou criando coragem! Todo soldado leva na sua mochila o bastão de marechal, já o disse um grande homem — nada menos do que Napoleão! E houve outros também, tão famosos como o marechal francês, que descobriram mundos novos. Fernando Cortez, Pizarro, Luis Ponce de Leon, Fernando de Soto...

E também eram homens de armas, como ele!

E Cervantes teve um braço arrancado, na batalha de Lepanto, e que não o impediu de se tornar um escritor famoso.

E um braço era mais importante do que uma perna!

O otimismo do soldadinho foi aumentando, e ele acabou se vendo como herói numa série de batalhas, a defender o castelo onde vivia a linda bailarina — a sua princesa...

Sentia que um suave calor se espalhava por seu rosto, como se o heroísmo tivesse aquecido o seu coração.

Iria provar do que era capaz!

Parecia-lhe estar ouvindo o clamor das batalhas, os hinos de vitória, o cantar dos jograis apregoando os seus feitos, suas glórias, as aclamações e vivas da multidão.

Nada tão nobre como ser soldado e lutar pela Pátria, pela Justiça, pela Fé!...

E também pela linda bailarina, cujo olhar era tão luminoso como as estrelas, como a luz do amanhecer! Ela seria a primeira a admirá-lo.

Sim, valia a pena viver e morrer pelo nobre serviço das armas, apesar de sua perna mutilada...

Ao anoitecer os soldadinhos de chumbo foram guardados em sua caixa e os moradores da casa se recolheram para dormir.

Esse era o momento esperado pelos brinquedos.

Quando a escuridão e o silêncio baixaram em toda a casa, eles entraram em ação para viverem suas horas mágicas!

As minúsculas figuras de madeira, metal, papel e pano começaram a agitar-se. O Quebra-nozes dava piruetas uma após a outra, o giz divertia-se traçando caprichosos arabescos no quadro-negro, os soldadinhos de chumbo desfilavam marcialmente, e até o canário, despertado pelo barulho, entrou na festa para recitar versos ao sol, à lua, às estrelas, às árvores, à Mãe Natureza...

Todos cantavam e riam, felizes de estarem juntos, de poderem dispor de suas vidas sem serem observados por olhos estranhos, nem serem obrigados a obedecer ordens das crianças, sempre caprichosas e mandonas!

A luz da lua penetrava pela janela aberta, iluminando tudo fantasmagoricamente e aumentando a incrível magia das brincadeiras daquele bando de brinquedos que, por um singular prodígio, adquiriam vida quando todos na casa adormeciam.

O giz tinha desenhado uma bandeira e os soldados se perfilaram marcialmente diante dela, enquanto o corneteiro fazia soar o toque de apresentar armas.

Em seguida o singular exército desfilou ao som dos tambores, em meio às aclamações dos bonecos.

Dois pintassilgos de vistosa plumagem aplaudiam também do peitoril da janela, agitando com entusiasmo suas asas...

Mas nem tudo era alegria.

A bailarina e o soldadinho de chumbo permaneciam quietos.

Ela, mantendo-se sobre a ponta do pé esquerdo e ele, por trás da tabaqueira, de olhos fixos naquela que lhe parecia a mais bela princesa do mundo.

Quando o relógio da sala bateu meia-noite, sucedeu que — ploc! a tampa da tabaqueira se abriu e saiu de dentro dela um duendezinho negro. Seu corpo era formado por uma mola de aço e ele estava trajado com roupas escuras. Era um brinquedo-surpresa, de feia aparência.

O soldadinho de chumbo não gostou do duendezinho que surgira de forma tão inesperada, e disse isso a ele.

— Tenho muito mais força do que você, mais agilidade e mais rapidez — foi a resposta do brinquedo de mola. — E pare de olhar para a bailarina! Ela nunca irá gostar de você. Eu sou mago

e adivinho. Posso garantir que ela jamais se casará com você. Seria uma enorme tolice que, tendo duas pernas tão perfeitas, ela resolvesse se converter na noiva de um perneta. Isso jamais irá acontecer!

O soldadinho de chumbo se fez de surdo, convencido de que o silêncio refletia melhor do que tudo o seu desprezo. Entretanto, as cruéis palavras ficaram cravadas no fundo do seu coração.

Na manhã seguinte, um pouco antes que os pais acordassem os meninos para irem ao colégio, os bonecos se aquietaram. Não desejavam que alguém soubesse o segredo de suas brincadeiras noturnas, que eles chamavam de suas "horas mágicas".

Só um dos meninos, o menorzinho, permaneceu na casa.

Depois da refeição matinal, ele correu para a mesa onde estavam os brinquedos. Abriu a caixa dos soldadinhos de chumbo e pegou o seu favorito, o que tinha só uma perna e parecia o mais valente.

— Você vai ficar aqui nessa janela e será a minha sentinela.

Estou certo de que não vai deixar passar nem uma mosca!

Logo voltou sua atenção para os outros brinquedos. E assim não notou que começara a soprar um vento forte e que uma corrente de ar já agitava perigosamente as cortinas da janela, o que fez com que o soldadinho de chumbo fosse empurrado pelo leve tecido e atirado ao solo de uma altura de três andares. Ele caiu de cabeça, e sua baioneta ficou enterrada entre uma laje e outra do calçamento, só ficando de fora a sua perna.

Ao se darem conta do que acontecera, o garotinho e a criada foram correndo até à rua à procura do soldadinho, mas, apesar de por várias vezes terem estado a ponto de pisar nele, não conseguiram achá-lo, pois como já foi dito ele estava semi-oculto entre as lajes.

O infortunado soldadinho de chumbo esteve a ponto de gritar:

— Estou aqui, amigos!

Mas não o fez, por considerar que isso demonstrava covardia.

E eis que, para complicar ainda mais as coisas, começou a chover torrencialmente. As grossas gotas de água obrigaram o menino e a criada a retornarem à casa, e o soldadinho ficou sozinho na rua. Por sorte, a chuva que caía com tanta força sobre a terra ajudou a desencravar a baioneta, o que permitiu a ele safar-se dali e procurar abrigo junto a uma parede.

Depois de passada a tormenta surgiram dois meninos que brincavam de esconder. Um deles descobriu o brinquedo caído.

— Olhe! — gritou ele. — Um soldadinho de chumbo! Tenho uma idéia, vamos pô-lo a navegar no córrego!

Não perderam tempo os dois. Com folhas de jornal fizeram um barco e nele colocaram o soldadinho, soltando-o na correnteza.

A improvisada embarcação iniciou uma viagem veloz, movendo-se de um lado para outro e girando às vezes tão bruscamente que o soldadinho por pouco não acabou nauseado. Apesar de tudo — continuava perfilado, com o fuzil ao ombro e o olhar fixo à frente, em heróica atitude.

Logo depois o barco passou por baixo de uma ponte, por onde escoava a água canalizada. Ali a escuridão era total.

— Parece que estou fechado de novo dentro da caixa, com meus irmãos — pensou o intrépido e involuntário navegante. — Onde irei parar? Tenho certeza de que o culpado de tudo isso que está me acontecendo é o duendezinho negro. Ah, se ao menos a bailarina estivesse aqui comigo! Pouco me importaria correr os maiores perigos junto dela, perder minha vida para salvá-la!

O aparecimento de um rato de esgoto tirou-o de suas meditações.

— Alto lá, intruso! Mostre-me o seu passaporte!

O soldadinho de chumbo não respondeu, limitando-se a apertar com mais força o fuzil.

— Pare! — insistiu a ratazana, aparecendo com seus vastos bigodes na coberta da embarcação de papel. — Você não pagou pedágio. É estrangeiro e vai ter de me mostrar seu passaporte!

— Passe livre para um soldado! Afaste-se!

A ratazana agarrou a proa do barquinho com suas patas dianteiras.

— Cale a boca, fanfarrão!

O soldadinho de chumbo, cada vez mais impaciente, gritou:

— Não me obrigue a empregar violência. Largue o barco! Não foi obedecido.

— Como foi que você chegou até aqui?

A pergunta da rata de esgoto acalmou em parte a irritação de nosso herói.

— Aconteceu-me uma série de desgraças, que me separaram de meus companheiros, e então... Mas isso não interessa! Quero sair o quanto antes deste buraco imundo!

— Você não poderá seguir adiante sem minha permissão! Sou a rainha da rede de esgoto e...

— Solte a minha embarcação!

— Não!

A situação era crítica.

A ratazana balançava a frágil canoa cada vez com mais violência, decidida a não soltar sua presa.

Era um inimigo perigoso por seu grande tamanho, e porque estava em seu próprio território.

— Eu também tenho um exército nas cloacas, soldado. Se eu o chamar, você e seu barco desaparecerão em poucos minutos. Nossos dentes são tão aguçados que destroçaremos o chumbo como se fosse manteiga.

Ela afiou as garras e seus olhos soltaram chispas, ameaçadoramente.

— Terrível inimigo! — disse consigo mesmo o nosso herói.

— E essa história de exército é verdade! Os esgotos da cidade servem de refúgio para milhares de ratazanas como essa. Que devo fazer? Submeter-me a ela seria uma covardia.

O soldadinho lembrou-se então dos sonhos de glória que a presença da bailarina lhe tinha inspirado, e sem hesitar um instante ergueu o fuzil para cravar sua baioneta na pata dianteira da rata d'água, a qual, ao sentir a dor, afastou-se do barco o suficiente para que o navegante, enfiando a culatra do fuzil na água, à guisa de remo, impulsionasse o barco, afastando-se dali a toda velocidade, sem fazer caso das ameaças da rata, que corria em vão atrás dele.

Saía satisfeito daquela aventura. Sua primeira vitória! Quantas mais o destino iria apresentar-lhe?

A correnteza se tornava cada vez mais forte, e o barco avançava rapidamente, sempre perseguido pela rata. O soldadinho já avistava a claridade do sol no outro extremo do túnel.

A navegação foi-se tornando cada vez mais difícil e perigosa. A tubulação desembocava num amplo canal, em meio a um estrondo capaz de infundir terror aos mais valentes. Sem perder o ânimo, o soldadinho compreendeu que se achava diante de um perigo muito mais sério. Ia precipitar-se do alto de uma catarata!

Como se isso não bastasse, centenas de vultos escuros deslizavam velozmente pela água e pela estreita passarela de cimento que margeava o canal de águas fétidas. Eram vultos muito velozes, que soltavam guinchos ameaçadores e se multiplicavam cada vez mais.

O poderoso exército das ratazanas se pusera em ação com o propósito de destruir o intruso.

Alguns dos atacantes se aproximaram tanto do barquinho que o soldado podia ver seus enormes caninos, aguçados como alfinetes, seus bigodes perolados d’água, seus olhinhos pequenos e redondos, injetados de sangue...

Na verdade eram inimigos ferozes, implacáveis, terríveis.

Por sorte, a proximidade da catarata fez a corrente se tornar mais rápida, e com isso o barco se distanciou dos seus perseguidores.

E a catarata já estava a pouquíssimos metros dali!

— Estou vivendo uma das mais terríveis aventuras! — falou consigo mesmo o soldadinho. Mas não temerei o perigo! Confortado com uma tal decisão, ele firmou com força o seu único pé no fundo do barquinho de papel ao mesmo tempo que, com o fuzil ao ombro, se agarrava com ambas as mãos à sua borda.

Cada vez se fazia ouvir com mais força o ruído aterrador da catarata.

O soldadinho, apesar de seu espírito valoroso, sentia a sua fronte empapada de suor, devido à emoção. Seria suor, ou salpicos de espuma?

A idéia de que aquela aventura seria uma história a mais para contar à linda bailarina acabou por acalmá-lo.

— Não me assustam os riscos! bradou, para dar ânimo a si próprio. — Sairei vitorioso!

De repente o barquinho disparou, dando várias voltas sobre si mesmo para despencar de vez sobre uma massa de espuma e se encher de água.

O naufrágio era inevitável! Nosso intrépido soldadinho de chumbo nem sequer pestanejou.

— Adeus, guerreiro! — ele imaginou ouvir. — Enfrente a morte com heroísmo! Seu último pensamento foi para a linda bailarina, que ele não tornaria a ver.

O papel do jornal se desmanchou nas águas revoltas e o soldadinho caiu no fundo do canal. Não chegou nem a tocar o solo porque foi engolido por um enorme peixe.

Ele viu logo que se achava num lugar muito mais incômodo e escuro do que a caixa que tinha compartilhado até então com os seus vinte e quatro irmãos, e muito mais desagradável do que o lugar em que se achava quando a ratazana quis cobrar-lhe a passagem pelo canal.

Sem largar o fuzil e procurando dar ânimo a si próprio, ele bendisse a sorte que o mantinha com vida.

O peixe, continuou a se movimentar, lançando o soldadinho de um lado para o outro até que finalmente — imobilizou-se.

O tempo passou. Quando o soldadinho começava a perder a esperança, naquele lugar tão confinado, um raio de luz feriu os seus olhos, enquanto ouvia uma voz cheia de júbilo exclamar:

— O soldadinho de chumbo!

Dois dedos o agarraram para tirá-lo do estômago do peixe, e o nosso herói pôde ver que se encontrava numa ampla cozinha.

Que havia acontecido?

O voraz salmão que havia engolido o soldadinho de chumbo caíra nas redes de um pescador e fora levado ao mercado da cidade, indo acabar na cesta de compras de uma cozinheira.

A boa mulher, feliz pela surpresa que ia dar aos meninos da casa, principalmente ao menor deles, foi até o quarto dos brinquedos e o soldadinho de chumbo foi colocado — oh, casualidade! sobre uma mesa que era muito sua conhecida.

Ele viu os soldados seus irmãos, o soberbo palácio e a linda bailarina sustentando-se na ponta de um pé.

Esteve a ponto de se desmanchar em lágrimas de chumbo, tão grande foi a sua emoção.

Como todos olhassem para ele com curiosidade, o soldadinho estufou o peito e, empunhando a arma com a mão direita, fez um relato de tudo o que lhe havia sucedido: sua luta contra um enorme monstro nas profundezas de uma caverna; sua viagem por mares tempestuosos; a queda de uma altíssima catarata, tão alta que ele tinha levado muitas horas a alcançar de novo a água depois do tremendo salto; o seu encontro com um pavoroso dragão com sua enorme bocarra de afiados dentes, com o qual havia lutado ferozmente...

Sua voz soava como um clarim na batalha, trêmula às vezes de emoção, vibrante outras vezes pelo seu arrojo, e sempre emocionada.

Embora enfeitassc a sua história com as fantasias da sua imaginação, o soldadinho se dava perfeitamente conta de quão perto da morte estivera, de como havia passado por terríveis aventuras, das quais tinha saído vitorioso graças à sua calma, à sua indomável coragem.

Tinha motivos para se sentir orgulhoso de sua valentia, mas também lhe agradava que todos ficassem boquiabertos ao ouvi-lo.

As bonecas tremiam ao pensar nas centenas, milhares de ratazanas dos esgotos.

— Que medo! — sussurravam algumas.

Até o giz, sempre a se agitar sobre o quadro-negro, tinha-se imobilizado...

Enquanto falava, os olhos do soldadinho mantinham-se fixos na bailarina, que o ouvia com a maior atenção e admiração.

Ele inventava outras aventuras, exagerando tudo até que, cansado, calou a boca...

Imediatamente sentiu-se envergonhado de sua aparência. Em conseqüência dos percalços por que passara, a sua pintura ficara toda desbotada e a ponta da baioneta entortara.

Ele lançou novamente um tímido olhar para o castelo, receoso de perceber desprezo nos olhos da dama de seus sonhos e aventuras, mas no rosto da bailarina se estampava um sorriso de júbilo por aquele reencontro de total felicidade.

— Que soldado de chumbo mais feio! — exclamou o mais velho dos irmãos. — E cheira mal como o diabo! E sem mais uma palavra, lançou o intrépido soldadinho de chumbo na lareira, antes que alguém pudesse evitar. As chamas o iluminaram vivamente, dando ao seu uniforme uma cor magnífica, tornando-o digno de um valoroso militar.

Do meio das labaredas ele dirigiu de novo o olhar para a bailarina, que o contemplava cheia de horror. Iam separar-se para sempre!

O soldadinho de chumbo começou a se derreter, por efeito do calor, sem perder o seu ar marcial e mantendo-se ereto, de fuzil ao ombro, até o último momento.

Nesse instante uma janela do salão se abriu e um golpe de vento levou a bailarina, atirando-a na lareira, onde se juntou aos restos do soldado sem que, aparentemente, ela se esforçasse muito para evitar isso. Em poucos minutos a bonequinha transformou-se em cinzas... Mas a brilhante estrela de latão de sua faixa grudou-se ao chumbo derretido.

Na manhã seguinte, quando uma das criadas foi retirar as cinzas da lareira encontrou algo muito singular: um diminuto coração formado pelo chumbo do soldadinho junto com o latão da estrela da bailarina...

O JARDIM DO ÉDEN

Faz muitos anos vivia, num país distante, um príncipe que fora criado por sua avozinha porque o Rei mal tinha tempo para a sua família, por estar sempre ocupado com o bem-estar do seu povo.

A avó, desejosa que o neto se tornasse igual ao pai, contava a ele lindas histórias.

— O que há de mais belo no mundo é o Paraíso — dizia ela. — Lá as folhas das plantas são imensas, os seus talos destilam um delicioso néctar e cada flor contém a sabedoria de uma ciência. Assim, enquanto algumas possuem tudo o que é possível saber sobre os lagos, as montanhas ou os rios, outras guardam o conhecimento de tudo o que tem ocorrido no mundo:

a história dos reis, as façanhas dos heróis, os grandes descobrimentos.

— E quem pode ir ao Paraíso? — quis saber o príncipe.

— Somente os bons. Deus fez esse jardim para todos, mas Adão e Eva, seus primeiros habitantes, desobedeceram suas ordens e foram expulsos dali. Agora o jardim está povoado com as almas dos que morreram depois de terem levado uma vida digna e virtuosa.

E assim, à medida que ia crescendo, o jovem príncipe ia conhecendo o significado das coisas.

Transcorreram os anos, e para o jovem o Paraíso perdido continuava sempre um sonho inatingível.

Uma tarde ele foi dar um passeio pelo bosque. Andou, andou, sem se dar conta de que se afastava do palácio muito mais do que costumava fazer, trilhando caminhos desconhecidos. E enquanto andava a noite caiu e o céu se cobriu de imensas nuvens negras.

Surpreendido por um forte temporal, o príncipe procurava um lugar onde se abrigar quando viu uma luz brilhar à sua frente. Correu até lá e se viu à entrada de uma gruta. No seu interior ardia um crepitante fogo junto ao qual uma velha assava um pedaço de veado.

— Entre e venha se aquecer aqui — disse a velha. Suas roupas estão encharcadas. Chegue mais para perto, aqui faz muito frio.

— É, já tinha notado isso... Venta muito por aqui. Por acaso há outra saída nos fundos?

— Não, mas... meus filhos são os quatro ventos da Terra! Trate de se secar antes que eles cheguem, pois vêm envoltos em furacões e você ficaria gelado.

O moço aproximou-se do fogo e disse:

— E agradável aqui.

— Não é o quc dizcm os mcus filhos. São muito agitados e só se dão bem lá fora. Eles gostam de brincar com as nuvens sem pensar nas conseqüências.

— A senhora trata seus filhos com muita dureza.

— Se não faço isso não poderia governá-los, e eles arruinariam a Terra. Não é fácil subjugá-los. Está vendo esses quatro sacos pendurados na parede? Pois é neles que eu meto os quatro quando me desobedecem.

— Eu não sabia que as coisas eram assim. De agora em diante, quando houver uma tempestade, eu me lembrarei da senhora. É esplêndido esse fogo.

— Oh, está chegando um de meus filhos!

Era o vento do Norte, e com ele vieram flocos de neve. e granizo, ao mesmo tempo que o frio se tornava mais intenso. Tratava-se de um rapagão alto e robusto, de cujas barbas pendiam agulhas de gelo.

— Não chegue perto do fogo, para não apagá-lo! exclamou o príncipe.

— Eu, chegar perto do fogo? — riu o moço. — Só me sinto bem no meio da neve. Quem é esse mequetrefe, mamãe?

— É meu hóspede e você deve tratá-lo com respeito. De onde está vindo?

— Venho dos mares do norte, do meio dos pescadores de baleia, e do alto do Himalaia, onde provoquei tempestades.

— Quanto mal não há de ter feito! — censurou-lhe a mãe.

— Sou o Vento do Norte e tenho de me fazer respeitar! Agora está chegando o meu irmão, o Vento do Oeste. Tem cheiro de mar e espalha um frio delicioso.

— Não é o pequeno Zéfiro? — perguntou o príncipe.

— Já não é mais tão pequeno. Cresceu e é muito rude.

Nesse momento entrou na gruta um jovem num traje feito com grossos cipós, empunhando um porrete de peroba.

— De onde está vindo? perguntou a mãe. — Seu irmão pressentiu a sua chegada.

— Venho das selvas virgens do Amazonas, das pradarias do Texas e do Arizona. Vi revoadas de patos selvagens e rebanhos de grandes búfalos. Como me sentia entediado, provoquei uma tempestade e transbordei os rios, causando o estouro dos rebanhos.

— E você fala disso com orgulho?

— Graças a isso, minha mãe, aqueles bosques e pradarias se conservam bonitos. E na primavera tudo florescerá de novo. Não provoco nevascas como meu irmão, o Vento do Norte.

Dito isso, Zéfiro deu um beijo na mãe e sentou-se ao seu lado.

Pouco depois chegou o Vento do Sul.

— Ora! Estou vendo que a família está quase toda aqui! — exclamou. Faz um frio dos diabos! Está-se vendo que já chegou o meu irmão, o Vento do Norte.

Aproximou-se do fogo, e sua mãe lhe perguntou:

— Por onde você andou?

— Pela África, minha mãe, vendo os pigmeus caçarem leões. Depois estive com os cafres. Lá o capim é alto e verdejante, e nele se ocultam os caçadores de elefantes. Depois subi até o norte, onde ficam os grandes desertos, e provoquei remoinhos de areia, deixando sepultadas várias caravanas. Quando voltar lá verei se elas se salvaram.

— Você sabe muito bem que só irá encontrar esqueletos — retrucou a mãe. — E como foi muito mau, vou metê-lo no saco.

Antes que o Vento do Sul pudesse responder, a mãe prendeu-o dentro do saco.

Dali a pouco chegou o vento que faltava, o Vento do Leste abraçou a mãe e explicou:

— Estou vindo da China, da corte dos mandarins.

Fiz soar todos os sinos das torres e me diverti mandando pelos ares os gorros dos chineses.

— Ainda bem que você não fala em catástrofes. Você esteve no Paraíso?

— Não, mas amanhã eu vou. Faz tempo que não vou lá.

— Não se esqueça de beber da fonte da sabedoria e de me trazer uma garrafinha da água.

— Não esquecerei, minha mãe. Trouxe para você cinco pacotes de chá aromático, o melhor do Oriente!

— Você é um bom filho!

— É porque lhe quero bem. Vamos, tire o Vento do Sul de dentro do saco. Quero, que ele me fale sobre a Ave Fênix. A princesa do Jardim do Éden sempre me pergunta por ele.

— Ele não merece, mas...

— Obrigado, irmão — falou o Vento do Sul quando se viu livre.

— Ainda bem que chegou a tempo de me salvar. Em recompensa, aqui tem uma folha de palma para dar à princesa. Ela me foi dada pela Ave Fênix para que a entregasse a você. Fênix escreveu nela cem anos de aventuras de sua vida antes de arder em seu ninho e se converter em cinzas.

— Muito obrigado. Que tal se formos comer agora? O assado já está no ponto.

Reunidos em volta do fogo, a mãe, seus quatro filhos e o príncipe deram cabo rapidamente do saboroso assado. Enquanto comiam, o jovem príncipe perguntou ao Vento do Leste:

— Por que você não me fala da princesa do Éden e do Paraíso?

— Que quer você que eu fale? Se quiser, pode vir comigo amanhã. Nenhum ser humano jamais esteve lá depois de Adão e Eva. Você já deve ter lido a História Sagrada, não?

— Claro que já. E terei permissão de entrar lá?

— Só se estiver comigo. Eu o levarei em minhas costas. Agora vou dormir, preciso descansar.

Todos estavam com sono, e não tardou que adormecessem placidamente ao redor do fogo.

Quando o príncipe acordou teve uma grande surpresa ao se ver viajando pelos ares, nas costas do Vento do Leste.

— Olá, amigo. Já acordou? Se quiser, pode continuar a dormir.

O príncipe estava surpreso demais para responder. Lamentou não ter podido despedir-se da mãe dos ventos, mas a maravilha daquela viagem o extasiava. Lá embaixo via as grandes cidades como se fossem vilarejos de brinquedo. Os lagos pareciam gotas de água e as montanhas eram como grãos de areia.

— Agora vamos descer avisou o Vento do Leste. Não se mexa, senão você poderá cair.

— Onde estamos?

— Estamos voando sobre o Himalaia. O Paraíso está perto. Cubra-se bem com suas roupas. Os raios do sol queimam tudo o que fica exposto a eles. Agora vamos entrar numa gruta. Não se assuste com o que encontrar.

De fato, o lugar era aterrorizante. A água, ao escorrer pelas paredes, havia gravado as figuras mais assustadoras. Os morcegos obstruíam a passagem, e o Vendo do Leste teve que soprar com força para afugentá-los.

Continuaram avançando até que uma luz ao longe advertiu o jovem príncipe de que se aproximava o fim da aventura.

— É ali o Paraíso? — perguntou.

Sem responder, o Vento do Leste envolveu-o em sua vaporosa túnica e logo depois depositou-o no solo, no meio de uma linda pradaria, por onde serpeava um rio maravilhoso.

— Esse é o rio da Bem-aventurança, que separa o mundo dos mortais do Jardim do Éden.

Contemplando paisagem tão bela o príncipe se sentiu imensamente feliz. E tão maravilhado estava, vendo tanta beleza, que não percebeu a presença da fada do Paraíso senão quando ela já estava ao seu lado.

O rosto dela exprimia uma suave doçura e a serenidade do rosto de uma anciã. Trajava uma túnica branca salpicada de pedras preciosas e se achava acompanhada por numerosas donzelas, muito lindas, com cintilantes diademas na cabeça.

O Vento do Leste entregou à Fada a folha escrita pela Ave Fênix, e em seguida a Fada levou os visitantes para o palácio mais original que se pode imaginar, de onde, através de uma de suas amplas janelas, o jovem príncipe pôde contemplar a árvore do bem e do mal, em cujo tronco se enroscava uma serpente. E à sombra de sua frondosa copa estavam Adão e Eva em total estado de inocência.

Sem poder conter-se, o príncipe exclamou:

— Mas Adão e Eva não foram expulsos do Paraíso por sua desobediência a Deus?

— É verdade — respondeu a Fada. — Mas o tempo gravou essa imagem em espelhos invisíveis, como uma eterna lembrança daquilo que o homem perdeu. Em outros espelhos você verá refletidas as histórias da Humanidade. Agora vem comigo, príncipe. Entraremos num bote, e em minutos verá o mundo inteiro desfilar diante de você, porque no Jardim do Paraíso não existe o tempo nem a distância.

E assim foi, com efeito. Diante dos olhos atônitos do príncipe desfilaram os Alpes, com seus picos cobertos de neve e seus vales de verdejante vegetação. Viu os desertos australianos, cheios de cangurus, os pampas argentinos, as selvas equatoriais, as florestas da África e as misteriosas pirâmides do Egito. Admirou também as mais belas cidades da Europa e da América e viu auroras boreais, vulcões enormes em erupção, o arco-íris e caudalosos rios de prata.

— Oh, como eu gostaria de ficar aqui! Posso fazer isso?

— Depende de você. Se não cair na mesma tentação de Adão, nada poderá expulsá-lo daqui.

— Jamais tocarei nas maçãs da árvore do bem e do mal! Há milhares de outras frutas tão lindas quanto elas.

— Pense bem. O Vento do Leste irá embora hoje e só voltará daqui a cem anos. O tempo passará sem que você sinta, mas a tentação de Adão irá assaltá-lo com força. Nós nos veremos todos os dias e eu o convidarei a me seguir. E se um dia você não resistir à tentação de me beijar quando eu estiver adormecida, aí você terá perdido o Paraíso. Que é que você decide?

— Eu fico! Serei forte!

O príncipe despediu-se do Vento do Leste, tendo ficado combinado que eles voltariam a se encontrar depois de transcorridos cem anos.

Depois que o Vento partiu, aconteceu tudo como a Fada havia dito. Eles ficaram dançando a tarde toda e o jovem se apaixonou pela rainha do Paraíso. E quando ela o convidou para acompanhá-la, ele aceitou.

"Quero continuar a vê-la, mas resistirei e não tentarei beijá-la", falou o príncipe consigo mesmo.

Quando chegaram ao pé da árvore do bem e do mal, a Fada se deitou e adormeceu. Estava mais linda do que nunca, e sorria em seu sonho. Ao contemplá-la de perto, o jovem notou que havia lágrimas em seus olhos fechados.

"Estará chorando por mim?" — o príncipe se perguntou. "Se eu a beijar ficará sabendo que gosto dela, e nós dois poderemos ser muito felizes." Impulsionado por uma força irresistível, o jovem pou-

sou os seus lábios sobre os olhos da Fada, enxugando com beijos suas lágrimas.

E então se ouviu um estrondo pavoroso, e o príncipe, aterrorizado, viu o Paraíso desaparecer, transformado numa brilhante estrela, que em pouco segundos se perdeu no firmamento.

— Meu Deus, que fui fazer! — exclamou ele. Mas era tarde para se lamentar.

Um frio de morte sacudiu o seu corpo. Incapaz de manter-se de pé, ele caiu ao chão sobre algo que lhe pareceu um pestilento lodaçal e desmaiou, sentindo agudas dores no peito.

Quando voltou a si estava encharcado. Chovia torrencialmente.

Lembrou-se de que tinha perdido o Paraíso, e seu coração se encheu de tristeza ao se lembrar da Fada do jardim maravilhoso.

E então um agradável cheiro de carne assada fê-lo virar a cabeça.

Percebeu que se encontrava à entrada da gruta da mãe dos ventos.

Levantou-se e caminhou até o fogo, onde a velha fazia girar o assado.

— Olá. Estou atrapalhando?

— Não tenho nada a fazer senão cuidar da minha família. Você se comportou como um tolo. Se fosse meu filho eu o metia dentro do saco... e só lhe daria liberdade daqui a muitos anos!

— Ele irá para o saco, como todos, mas a seu tempo bradou nesse momento um velho vestido de negro que surgira do fundo da caverna empunhando uma foice.

— A Morte! — exclamou o rapaz, aterrado. — Veio buscar-me?

— Não. Você ainda tem uma longa vida pela frente.

— Não quero viver, depois de ter perdido o Paraíso!

— Viver ou morrer não depende de você e sim da vontade divina. Volte para a casa de seus pais. Dentro em pouco você será rei, e então haverá de achar — ou perder — o paraíso para o seu povo.

— Você ouviu o que ele disse — falou a velha. — Agora vá embora antes que meus filhos voltem. Eles estão muito desgostosos com você, pois nenhum mortal conseguiu até hoje o que você conseguiu, e você não soube dar-lhe o devido valor. Eles são capazes de metê-lo num saco e atirá-lo na parte mais funda do lago.

— Obrigado; boa mulher — falou o príncipe — jamais esquecerei o que lhe devo, nem a lição que recebi.

E assim foi. A partir de então, o moço viveu uma vida virtuosa, guiada pelo amor a Deus e à justiça. E chegou a ser um rei muito consciencioso.

O BAÚ VOADOR

Havia na antiga Bagdá um comerciante que, ao sentir chegar os seus últimos momentos, chamou seu único filho e confessou:

— O médico me disse que não tardarei a morrer. Quero que você saiba que nesse baú — falou ele apontando para um velho baú com cantoneiras de metal, que jazia num canto — está toda a minha fortuna. A chave fica sempre comigo, presa a uma corrente pendurada no meu pescoço.

De fato, o pai de Hassan — como se chamava o jovem não demorou a morrer, e depois de enterrá-lo com a devida compunção

o rapaz quis conhecer o valor de sua fortuna. Quando abriu o baú verificou que estava cheio de jóias, moedas de ouro e outros objetos dc valor incalculávcl. Encontrou tambćm uma carta, ondc lcu: "Não atribua a uma mesquinharia de minha parte o fato de lhe ter ocultado a minha grande fortuna. Eu quis educá-lo no caminho certo, do trabalho e do esforço diários, a fim de fazê-lo adquirir bons hábitos. O excesso de dinheiro não traz a felicidade. Viva com simplicidade e serás feliz."

Durante algum tempo Hassan continuou a trabalhar como sempre tinha feito. Um dia, porém, fechou as portas de sua loja antes da hora costumeira e se dirigiu ao centro da cidade. Queria conhecer homens e mulheres de sua idade, relacionar-se com eles e tentar encontrar uma esposa.

Encontrou alguns de seus antigos companheiros de escola, e como levava uma bolsa bem recheada não lhe faltaram aduladores, mulheres fáceis e falsos amigos.

Em poucas semanas os costumes de Hassan mudaram completamente, passando ele a dedicar mais tempo às diversões e à ociosidade do que ao trabalho e se deixando levar pelos prazeres e até pelo vício.

Hassan chegou a ser o homem mais famoso da vida noturna de Bagdá, sempre rodeado de belas mulheres, de bailarinas, vigaristas e bajuladores. Já não era apenas um gastador liberal, mas um esbanjador, que pouco a pouco foi dilapidando a enorme fortuna que o pai lhe deixara.

E agia de forma tão irresponsável que chegou o dia em que, ao meter a mão no baú, não encontrou mais nem uma moeda ou jóia

para vender. Só lhe restavam os móveis e os artigos que vendia em sua loja. E ele vendeu tudo, e no final não tinha nem onde dormir.

Seus únicos bens eram a túnica com que estava vestido e as babuchas. Procurando ainda algo que pudesse vender, ele encontrou apenas o velho baú. Chamou então um antiquário e lhe perguntou se queria comprá-lo.

— Escute aqui, Hassan falou o homem severamente — este baú não vale nada. É um traste desmantelado e sujo. Depois da vida que você tem levado e da maneira como se comporta, ele só lhe pode servir de caixão... Meta-se dentro dele, e dane-se! Não perca tempo em pedir ajuda a ninguém porque não a receberá. Ainda bem que seu pai já se foi, do contrário morreria de desgosto ao ver o seu filho transformado num degenerado...

— Não o chamei para vir me insultar! — protestou Hassan.

— A ninguém agrada ouvir a verdade. Por que você não recorre aos seus companheiros de farras? Acha que o ajudariam?

Hassan decidiu pôr em prática o irônico conselho, mas nenhum dos que tinham sido seus companheiros em tantas noites de farra quis recebê-lo. E até mesmo a entrada nas casas noturnas onde ele tinha sido o melhor freguês lhe foi negada.

Amargurado e desiludido, ele voltou para casa. Como não tinha onde dormir, meteu-se dentro do velho baú. Ao fazer isso, porém, seus dedos esbarraram no lado de dentro da fechadura e, para grande espanto seu, notou que a arca se elevava alguns metros do chão para logo pousar de novo suavemente.

Que significava aquilo? Estaria ele delirando devido ao seu desespero? Lembrou que o pai havia viajado pelo Oriente. E se o baú fosse mágico?

Decidiu fazer uma prova, e o resultado foi que o baú realizou um rápido

vôo, saindo da casa por uma janela, obedecendo à pressão de sua mão sobre a fechadura. Dessa forma ele o fazia subir ou descer, ir mais depressa ou mais devagar.

E dessa maneira fantástica Hassan atravessou a cidade de ponta a ponta, enquanto ia aprendendo o modo de manejá-lo.

“Bem”, pensou ele, “eis aqui um velho baú que pode me servir para alguma coisa. Vou correr mundo, talvez encontre um modo de refazer a minha fortuna.”

Ele viajou durante a noite toda e pouco antes do amanhecer fez o baú descer no centro de um vasto bosque. Havia notado nas redondezas um castelo com numerosas casas ao seu redor.

Escondeu o baú na copa de uma árvore e foi a pé até a cidade, misturando-se com as pessoas que se dirigiam para o trabalho. Andava depressa, observando tudo, tentando descobrir que lugar era aquele. Já bem próximo do imenso palácio, perguntou a uma mulher:

— Quem vive nessa fortaleza?

— Você deve vir de muito longe, para ignorar isso, meu rapaz.

— Sim, venho de Bagdá. Poderá dizer-me em que lugar estou? Viajei tanto que não sei por quantos povoados passei.

— Você está em Rubad, ao norte da Turquia. E nesse palácio vivem nossos sultões e a princesa Zobeida, mais conhecida como Princesa Melancolia. Ela tem esse nome porque um feiticeiro profetizou que se ela se casar será muito infeliz no casamento. Por isso é rigorosamente vigiada para que ninguém possa aproximar-se dela.

— E ela é bonita?

— Não existe no mundo outra mais bela, forasteiro. Mas eu o aconselho a não tentar aproximar-se dela. Se fizer isso, será morto pela guarda.

Hassan regressou ao bosque, onde matou a fome com os frutos caídos no chão. Depois se estendeu na terra para descansar e pensar.

Na sua mente foi-se formando, pouco a pouco, um plano audacioso.

Quando chegou a noite, ele subiu à árvore onde guardara o baú e pressionou a fechadura para iniciar o vôo. Pouco depois fazia evoluções

em volta do castelo-palácio, acabando por descer num terraço coberto de plantas exóticas. Ali saiu do baú e se aproximou de uma janela iluminada. O que viu deixou-o mudo de assombro: sobre um vasto leito dormia uma linda jovem.

Sem poder resistir, Hassan entrou na habitação e aproximou-se da jovem adormecida,beijando suavemente seus negros e sedosos cabelos. Nesse instante, porém, a moça abriu os olhos e se assustou ao ver um estranho em seu quarto.

Não se assuste, princesa. Sou Hassan, comerciante de Bagdá e dono de um maravilhoso baú voador. Perdoe a maneira como me apresentei, mas a fama de sua beleza é tão grande que não pude resistir à tentação de vir pessoalmente certificar-me disso.

— Não devia ter vindo. Sou muito infeliz por causa de um estranho sinal que uma bruxa descobriu na palma de minha mão. — A jovem mostrou um minúsculo círculo vermelho sobre a linha do coração, depois continuou: — Essa mulher afirmou que eu nunca deveria casar-me porque seria muito infeliz, e este sinal serviria para lembrar-me sempre disso. Sou a única herdeira do reino e todos cuidam para que nada me aconteça. Uma vez por ano a bruxa do bosque vem examinar minha mão, porque se o sinal desaparecer o malefício também terminará.

— Que malefício é esse? Feito por quem? — quis saber Hassan.

— Isso é o que ela procura averiguar. Mas faz anos que vem tentando e nada conseguiu até hoje.

— Que história mais estranha!

A linda princesa deixou pender a cabeça, amargurada. Para animá-la, Hassan contou-lhe as histórias que o pai lhe contava de suas viagens, terminando por relatar sua própria história, falando de sua riqueza e de sua atual pobreza, bem como da desilusão que lhe haviam causado os amigos.

— Tudo o que aconteceu foi por minha culpa — ele admitiu humildemente. — Mas como conheço bem o negócio de antigüidades, irei instalar-me em outra cidade que não seja Bagdá e conseguirei abrir caminho de novo. A bordo do meu baú mágico posso transladar-me sem perigo aos mais distantes cantos do mundo para comprar obras valiosas e depois vendê-las. Não me preocupa o futuro, princesa. Agora, só me preocupo com você.

— Obrigada, Hassan. Você é muito gentil.

— Se você não se importar, voltarei todas as noites para visitá-la. Contarei coisas divertidas e me esforçarei para que deixe de ser uma princesa triste.

— Eu também quero ajudar a você, Hassan. Aceite este presente, é todo recoberto de moedas de ouro. Venda-o e instale o seu negócio.

— Aceito a título de empréstimo.

— É um dos muitos presentes dos pretendentes recusados por meus pais. Para mim não tem a menor utilidade.

— Você acha que seus pais aceitariam a mim?

Ela baixou os olhos timidamente ao ouvi-lo.

Não passo de um pobre rapaz e você uma nobre princesa.

— Você tem medo de seus próprios sentimentos? — ela perguntou.

— Tenho medo de lhe dizer que me apaixonei por você.... Isso a faz rir?

— Oh, não... não me faz rir, Hassan, porque... eu também começo a sentir a mesma coisa!

Os dois conversaram sobre seus sentimentos até que o dia começou a clarear. Então Zobeida disse:

— É melhor você ir embora. Não convém que o descubram nem o vejam em torno do palácio.

Os dois se despediram amorosamente e o rapaz se dirigiu para o bosque a fim de esconder o baú. Em seguida, foi para a cidade levando o presente dado pela princesa, com o intuito de iniciar o seu novo negócio. E assim se arranjaram as coisas: Hassan trabalhava de manhã, dormia à tarde e à noite ia conversar com a princesa.

Inicialmente, Hassan instalou uma pequena tenda e começou a comprar e vender miuçalhas. Como tinha prática desse comércio, logo suas vendas se multiplicaram por dez, e em poucas semanas ele já se arriscava a comerciar com objetos de maior porte. De tal forma que, ao fim de seis meses já se considerava um comerciante de sorte, conhecido e respeitado por seus numerosos fregueses.

Uma noite Zobeida lhe disse:

— Falei com meus pais a seu respeito. Como são muito bons e só desejam minha felicidade, mandaram convidar você para cear conosco amanhã. Falei com eles sobre o seu baú mágico e também que você tem poderes para acabar com o meu malefício. Não tive remédio senão inventar isso para que eles o aceitassem.

— Desde que conheci você venho pensando em falar com essa bruxa do bosque para ver se eu e ela, juntos, fazemos desaparecer essa mancha em sua mão.

— Em breve você conseguirá isso, porque ela está para vir ao palácio.

Hassan aceitou o convite do sultão e na noite seguinte apresentou-se no palácio montado em seu baú voador. Entrou no grande salão por uma janela e causou assombro em todos os presentes, que nunca tinham visto nada igual.

Mais tarde, durante a ceia, o sultão disse a Hassan:

— Não tenho nada a opor ao seu casamento com minha filha. Tomei informações a seu respeito e todos me falaram muito bem de suas qualidades. Você é um rapaz honrado, justo e respeitado. Mas há um inconveniente. Trata-se do malefício, e eu não quero ver minha filha nem infeliz, nem morta.

— Eu também não, senhor.

— Amanhã a bruxa virá verificar se o sinal do malefício permanece na mão da princesa. Quero que você esteja presente. Minha filha supõe que talvez você possa fazer alguma coisa.

— Tenho uma idéia na cabeça que tratarei de confirmar amanhã. Antes, porém, examinarei atentamente a mão da princesa.

Assim fez Hassan, por um bom espaço de tempo, e em seguida se retirou sem nada dizer. No dia seguinte, ele compareceu pontualmente ao palácio. A bruxa também veio. Era uma mulher muito velha, vestida com uma túnica negra. A mulher observou a mão da princesa com uma expressão imperturbável e em seguida falou:

— Por desgraça, nada mudou. Agora, quero falar a sós com a princesa.

— Desta vez não vai ser possível — interveio Hassan. — O que tiver de dizer a Zobeida será na minha presença.

A bruxa ficou visivelmente contrariada, e logo, agarrando a mão da princesa, puxou-a para si, procurando ocultá-la com sua túnica. Mas Hassan também agiu com grande rapidez e puxou a túnica da bruxa. Houve uma breve disputa e então descobriu-se que a mulher tinha na mão um frasquinho de cor vermelha e um pequeno objeto de prata que terminava num minúsculo círculo... o qual estava manchado de carmesim!

— Eu já imaginava algo semelhante! — exclamou Hassan — A mancha era muito estranha. Era você que a fazia com essa tinta. Por que?

A bruxa recuou ao se ver descoberta e bradou:

— Malditos sejam todos! Malditos!

E antes que alguém pudesse impedi-la, saiu correndo e saltou por uma das grandes janelas do salão.

— Ela não vai conseguir escapar — falou Hassan. — Estamos num ponto elevado do palácio e essa mulher não possui nenhum poder mágico. Tomei informações a respeito dela. Seu marido foi condenado à morte pelo pai de nosso sultão e ela só queria vingar-se. A dor e o ódio a fizeram enlouquecer. Se for uma bruxa, terá saído voando; se não, estará morta ao pé desta torre.

De fato, a mulher foi encontrada morta no fosso que rodeava a fortaleza.

Hassan, que conservara consigo o frasco do líquido vermelho parecido com tinta, mandou que o enterrassem numa cova bem funda, no jardim. E quase instantaneamente surgiu à superfície da terra um estranho círculo avermelhado que levaria anos a desaparecer.

Por sua parte, a mancha sobre a linha do coração, na mão da princesa, desapareceu rapidamente, como teria acontecido se a bruxa não tivesse tido sempre o cuidado de reavivá-la todo ano.

E assim se acabou o malefício, e o sultão não viu inconveniente em que Zobeida se casasse com o honrado comerciante em que se tinha transformado Hassan, que agora era querido e respeitado por todos naquele reino.

As bodas foram faustosas, e as festas duraram uma semana, delas participando todo mundo, sem que faltassem presentes dos reis e sultões mais distantes.

Com o passar dos anos o feliz casal teve cinco filhos, e todos foram muito venturosos e afortunados, até que chegou o dia em que Hassan passou a ser o sultão de Rubad, governando com justiça e amor todos os seus súditos, sem levar em conta a classe e a riqueza de ninguém.

E quanto ao baú mágico, foi guardado na câmara dos tesouros do palácio e ali ficou durante longos anos, até que foi esquecido pelos descendentes de Hassan e Zobeida. A vida continuaria, passariam os anos, depois os séculos, e com o tempo até o castelo acabaria por desaparecer.

Agora tudo isso, faz parte de uma lenda, e até há muitas dúvidas de que o tal baú tenha existido. Mas também se diz que já houve

gênios presos dentro de uma garrafa, que alguém voava num tapete mágico e que uma formosa mulher conseguiu conservar sua vida contando cada noite uma história maravilhosa ao sultão que a mantinha cativa.

Não seria extraordinário que tudo isso tivesse sido verdade?

Para nós, o baú voador ainda deve existir, enterrado entre as ruínas de um lendário castelo... É tão maravilhoso sonhar!

O ROUXINOL

Há muitos e muitos anos, vivia na China um imperador poderosíssimo, inteligente e amante das belas artes. O seu palácio era suntuoso e belo, rodeado por um parque frondoso e florido, muito bem cuidado, por mais de cem jardineiros. Para além do parque, estendia-se um bosque, que se prolongava por léguas e léguas, até uma praia, cuja areia não era alva, mas dourada. Ali vivia um rouxinol, cujo canto maravilhoso não tinha rival: era o mais belo, o mais maravilhoso entre todos.

Não é de se admirar que fosse muito comentada a excelência daquele rouxinol inexcedível, e muitos escritores e poetas exaltavam em suas obras tal perfeição.

Embora o imperador vivesse muito isolado em seu palácio chegaram às suas mãos alguns daqueles livros. Lendo-os e surpreso com tamanha admiração por um simples rouxinol, o soberano mandou chamar o seu mordomo.

— Como se explica — perguntou-lhe — que esse rouxinol, a respeito do qual tanto se fala, esteja no bosque e não nos jardins do palácio? Por que não fui informado da existência dessa ave?

— É a primeira vez que Vossa Majestade me fala a tal respeito — respondeu o mordomo, humildemente. — Jamais o rouxinol se apresentou à corte.

— Pois ordeno que venha à minha presença esta noite!

O alto dignitário tratou de retirar-se sem demora, não antes, porém de saudar o augusto soberano com profunda e respeitosa reverência.

"Onde iria encontrar aquele maldito rouxinol?" — ia pensando.

Tratou logo de perguntar a todos os mandatários e servidores que encontrava, mas a resposta era sempre a mesma: negativa. Já estava prestes a entregar-se ao mais completo desespero, admitindo a sua impotência, quando uma humilde jovem que trabalhava na cozinha respondeu prontamente:

— O rouxinol? É claro que já o ouvi! Quando vou visitar meu pai, que é pescador de pérolas, sempre fico parada algum tempo para escutá-lo. E, então, meus olhos se enchem de lágrimas e penso que vale a pena viver... É um canto tão belo, meu senhor!

— Pois fica sabendo que terás um emprego muito melhor nesta cozinha, com direito a assistires às refeições do

Imperador. Terás porém, de levar-me aonde se encontra esse maravilhoso pássaro.

Organizou-se, então, imediatamente, uma grande comitiva de altos funcionários e nobres, tendo à frente o importante mordomo e a humilde jovem da cozinha. O parque imperial foi transposto a toda pressa e o grupo ainda não havia avançado meia milha sequer, quando uma vaca começou a mugir.

— Meu Deus! — exclamaram, admirados alguns cortesãos. — Que enorme, que possantes pulmões para um passarinho!

— Vossas Excelências estão enganadas — apressou-se a explicar a jovem cozinheira. — Por enquanto, ainda não se trata do rouxinol, mas de uma vaca. Ainda teremos de andar muito.

Mais adiante, ouviu-se o coaxar de batráquios, que alguns dos fidalgos logo se mostraram dispostos a admirar. De novo a jovem cozinheira teve de explicar que se tratava, na verdade, de rãs.

— Dentro de pouco tempo, porém, chegaremos ao nosso destino — prometeu.

De fato, alguns minutos mais tarde, ouviu-se um conjunto tão harmonioso e tão claro de sons de inexcedível melodia, que cada um dos membros da comitiva teve a impressão de que o pássaro estava cantando pousado em sua própria cabeça.

Todos, mesmo os menos sensíveis, guardaram um silêncio respeitoso, diante da sonoridade e da doçura daquela voz.

— Ali está ele — anunciou, alguns momentos depois a jovem apontando para a copa de uma cerejeira.

— Será possível que um pássaro tão vulgar me tenha causado tanta preocupação e me dado tanto trabalho? — comentou, então, o mordomo. — Um passarinho cinzento e tão pequeno que cabe na minha mão fechada! Mas agora, fala logo com ele! — ordenou à moça. — Sabes muito bem o que queremos.

— Meu lindo rouxinol disse a moça à ave — o grande mordomo e os altos dignitários da Corte Imperial, aqui vieram para convidar-te, em nome do nosso imperador, a comparecer a uma festa que se realizará hoje à noite nos salões do palácio. És muito famoso, e todos desejam conhecer-te e admirar-te. Virás?

— Terei o máximo prazer em participar de tal festa — respondeu prontamente o rouxinol.

E, como que agradecendo tanta honra, voltou aos seus trinados, com maior perfeição ainda do que antes.

— Parecem milhões de campainhas de cristal! — observou, extasiado, um dos cortesãos.

Faz-me lembrar a brisa suspirando entre as árvores — emendou um outro.

— Não faltarei à festa prometeu o rouxinol, ao terminar os seus trinados.

— Desejo muito conhecer Sua Majestade imperial. Vou tratar de matar a minha sede nas fontes de água mais pura que encontrar, a fim de que a minha voz mereça realmente ser ouvida por tão excelso personagem.

E assim foi. Naquela noite, pousado em um poleiro de ouro maciço, o rouxinol entoou um canto tão belo que deixou o monarca profundamente comovido.

— Que prêmio desejas, melodioso pássaro? — perguntou o imperador.

— Já estou recompensado, Majestade — respondeu o rouxinol. — Vi lágrimas de emoção em seus olhos, e, para mim, não pode haver melhor recompensa do que essa.

O imperador, contudo, fez questão que o rouxinol fosse recebido como hóspede oficial do palácio, com direito, a todas as honrarias.

— Não o quero engaiolado, mas livre — determinou. — Virás aqui sempre que eu te chame? — perguntou ao pássaro.

— É claro que sim, Majestade! — assegurou o rouxinol.

A partir de então, a vida no palácio imperial mudou muito. As damas da corte trataram de tomar aulas de canto, na tentativa de que as suas vozes se parecessem com a do rouxinol, objeto agora da maior deferência e atenção por parte dos cortesãos. Quando ele cantava, era impressionante o silêncio absoluto que guardavam os ouvintes.

Algum tempo depois, o monarca chinês recebeu um presente enviado pelo Imperador do Japão. Tratava-se de um rouxinol feito de ouro, esmeraldas e rubis, o qual, quando acionado por uma corda, cantava, ao mesmo tempo que movia a cauda.

Na primeira oportunidade oferecida, foram postos a cantar juntos o pássaro natural e o artificial. Enquanto o rouxinol do bosque improvisava constantemente, o rouxinol mecânico repetia vezes sem conta os sons produzidos pela engenhosa máquina que carregava consigo.

O fato, porém, é que os cortesãos, tendo constantemente à sua disposição o pássaro mecânico, começaram a se esquecer do rouxinol verdadeiro, para o qual essa mudança de preferência constituiu uma libertação muito bem-vinda. Já que não lhe pediam que cantasse, resolveu voltar para o bosque.

O certo é que, com a ausência do rouxinol do bosque, as coisas melhoraram muito para o mordomo, já que a permanência do pássaro real dele exigia muitos cuidados e muito trabalho, ao passo que era facílimo cuidar do passarinho mecânico.

— Ele ficou com ciúme do rouxinol mecânico e fugiu — explicou um cortesão. — É um ingrato!

As aves amam a liberdade — replicou o imperador, que não conseguia esconder a sua tristeza. Desejo que ele seja bem feliz.

A situação, porém, se complicou, quando, certo dia, o rouxinol mecânico deixou de funcionar. E o outro, o natural, deixara mesmo de aparecer no palácio.

O Imperador entregou-se então, a uma tristeza profunda, adoeceu. Mal saía dos aposentos reais, e era visível o agravamento do seu estado de saúde.

— Todas as riquezas do mundo não valem aquilo que contém um simples sopro de vida! — dizia, às vezes, com um suspiro, olhando para o pássaro mecânico. — O homem jamais conseguira superar a natureza!

A tristeza e a doença o iam consumindo, a olhos vistos. Chegou mesmo a nomear um sucessor, o qual começou a ser adulado pelos

cortesãos, que achavam mais interessante contar com a boa vontade do futuro reinante do que com a de um velho prestes a deixar o poder.

O imperador, porém, continuava vivo, embora já quase sem forças e a custo mesmo respirando. Certa manhã, ele notou que alguém se aproximava de seu leito. A Morte estava ao seu lado. Já havia se apossado de sua coroa e empunhava o cetro de ouro puro. Pareceu-lhe, então, que assistia de novo a cenas ocorridas no passado e começou a ouvir muitas vozes, censurando-o pelos erros que cometera como reinante.

— Fiz o que me pareceu mais justo, mas, forçosamente, alguém tinha de se julgar prejudicado murmurou o imperador.

Como, porém, o clamor das vozes se fizesse ouvir cada vez mais alto, o moribundo monarca acrescentou:

— Música! Quero música que abafe essas vozes cruéis! Que reboe o tambor! E tu, rouxinol mecânico, cante, ainda que seja pela última vez!

O angustioso apelo não foi atendido, porém. A Morte continuava sentada ao lado do velho monarca, encarando-o fixamente esperando levá-lo consigo dentro em pouco.

De súbito, porém, ouviu-se, na janela, um canto maravilhoso, um hino à beleza. O pequeno rouxinol do bosque, informado do que se passava, pela jovem cozinheira, viera consolar o amigo em seu leito de morte.

Os seus trinados iam se tornando cada vez mais sonoros, mais fortes e mais belos. E as sombras se desfizeram diante daquele desafio mágico.

A própria Morte quedou maravilhada diante daquela música celestial, e não pôde deixar de pedir:

— Continua, rouxinol, continua!

— Só continuarei com uma condição! — replicou o pássaro. — Tens de me entregar a coroa imperial, o cetro e tudo mais que pertence ao meu bondoso protetor.

A Morte não pôde resistir ao desafio. Para continuar ouvindo o canto maravilhoso, acabou devolvendo tudo que havia tomado.

E, como o rouxinol continuasse a cantar, acabou se esquecendo de seu trágico dever e saindo pela janela, como se ávida de espaço ao ar livre e do perfume das flores do campo.

Vendo-se livre da Morte, o Imperador murmurou, com os olhos marejados de lágrimas:

— Obrigado, meu belo rouxinol. Por que me abandonaste?

— Não castigues teus servidores. Perdoa-lhes, e voltarei todos os dias. Agora, dorme. Eu te embalarei o sono.

Na manhã seguinte, para espanto geral, o monarca acordou são, bem disposto e satisfeito.

Na janela, o rouxinol entoava os seus trinados, cheios de doçura e suavidade.

Mais uma vez, obrigado — disse o Imperador. — Vou despedaçar o pássaro mecânico.

— Não faças isso! — pediu o rouxinol de verdade. Ele cumpriu a sua missão, enquanto pôde. Viverei no bosque, mas, como te prometi, virei, todas as manhãs, a esta janela. Cantarei, para deleitar os teus ouvidos, a felicidade de teus súditos, mas cantarei também as suas tristezas. Ficarás, assim, sabendo o que vai bem e o que vai mal, a fim de que possas ser justo para com todos.

— Estou de pleno acordo, rouxinol do bosque disse o monarca. — Guardaremos o segredo só para nós dois. Quero que, quando a Morte volte, definitivamente, ninguém possa censurar-me por não ter tratado todos os habitantes do meu reino como um pai deve tratar os filhos.

O pássaro voltou, então ao seu bosque, depois de despedir-se com um canto alegre e mavioso.

Quando os médicos entraram nos aposentos reais, certos de que iriam encontrar um cadáver, surpreenderam-se vendo o Imperador, sorridente e empunhando os símbolos do seu poder.

— Muito bom dia! — ele exclamou, dirigindo-se a todos. — Os médicos podem se retirar, pois já posso dispensar os seus cuidados. Preciso resolver os assuntos mais urgentes do governo.

Com grandes festividades foi comemorado no Império Chinês a milagrosa cura do Imperador, que, a partir de então, só mereceu louvores e gratidão por parte de seus súditos.

Para o monarca, porém, não havia melhor festa do que ouvir, todas as manhãs, os maviosos trinados do rouxinol do bosque, que cumpria religiosamente a sua promessa da visita matinal.

O PATINHO FEIO

Que lindo estava o campo!

Com a chegada do verão a cor do trigal se tornava amarela, a das amapolas ficava vermelha e a do aveal, verde...

O capim dos prados, já ceifado, estava armazenado nos paióis, em cujos telhados flanavam as cegonhas com suas longas pernas vermelhas, tagarelando em egípcio, a língua que lhes havia sido ensinada por seus ancestrais...

Extensos bosques cercavam os campos e prados, ocultando, em seu meio, profundos lagos de águas prateadas onde, durante o dia, uma multidão de pássaros matava a sede e se divertia roçando a água com suas asas multicores... Durante a noite, outros animais, que infundiam respeito e temor às pessoas, acudiam também às suas margens para se dessedentarem e também à cata de possíveis presas...

Sim, como estava linda a campina.

No meio de toda essa beleza, e banhada pela luz do sol, erguia-se uma mansão senhorial rodeada por um murmurejante emaranhado de canais.

Desde os seus muros até a água cresciam viçosas trepadeiras, formando abóbadas tão altas que no seu interior um menino pequeno podia ficar de pé sem que fosse notado.

No meio desse emaranhado que mais parecia uma mata virgem, uma pata chocava seus ovos, impaciente por que estavam demorando a nascer os patinhos e ela recebia tão poucas visitas!..

Os outros patos preferiam nadar pelos canais ao invés de lhe fazerem companhia e prosearem um pouco com ela.

A pata, apesar de já ter amor aos filhotes que ainda nem nascidos estavam, desejava que saíssem logo da casca para que ela pudesse juntar-se aos seus amigos e desfrutar do sol e do ar fresco.

Por fim os ovos começaram a se romper, um após o outro.

— Piu, piu, piu! — piavam os patinhos.

As gemas tinham virado patinhos, e suas cabecinhas começavam a aparecer no meio das cascas partidas.

— Quac, quac, quac! — gritavam eles com todas as suas forças, olhando à sua volta, mal chegados à vida. A Mamãe Pata contemplava-os enternecida. Sabia que o verde ao redor deles era bom para os olhos.

— Como é grande o mundo! exclamavam os patinhos, que se tinham desenvolvido lentamente no interior dos ovos, sem outros horizontes. — Como é grande e bonito!

— Vocês acham que o mundo todo é isto aqui? — comentou a mãe, sorrindo feliz. — O mundo vai muito mais longe, até o outro lado do jardim, e se estende pelos campos do senhor vigário, embora eu nuncatenha chegado até lá.

Olhou à sua volta e perguntou:

— Estão todos aí?... Acho que não, parece que falta um. O ovo maior ainda não se abriu... Já estou cansada de esperar!

Uma pata velha, que acabava de chegar, perguntou:

— Como vão as coisas, minha amiga? — Vão bem, mas este ovo grande aqui não quer saber de abrir, e olhe que sempre tive cuidado de colocá-lo bem no centro para que recebesse mais calor... Mas ele não quer se abrir. Veja os outros patinhos, não são umas gracinhas? Repare como se parecem com o pai!

— Ele anda por aí se engraçando com outras patas.

— Aquele sem-vergonha ainda vai ouvir poucas e boas! Não me veio ver nem uma vez.

— Deixe-me examinar o ovo que não quer se abrir — falou a velha amiga. —Parece de peru. Uma vez me enganaram, e tive muito trabalho com os filhotes, porque tinham medo da água... Estou certa de que se trata de um ovo de peru. Deixe-o de lado e vá ensinar os outros a nadar.

— Vou chocá-lo só mais um pouquinho — respondeu a pata choca. — Fiquei tanto tempo em cima desse ovo que acabei tomando amizade a ele!

Não perca seu tempo — aconselhou a amiga pata. — É impossível você se ajeitar com um filhote de peru. — E dizendo isso se despediu.

Finalmente o ovo se rompeu.

— Piu, piu, piu — pipilou o filhote, saindo da casca.

Era grande e feio. A pata pôs-se a examiná-lo.

— É um pato muito grande — pensou. — Não se parece com nenhum dos outros. Será um peru?

O dia seguinte amanheceu lindo. O sol banhava o verde das ramagens, compondo luzes e sombras.

A mãe, orgulhosa, foi com toda a sua prole até o canal e — plaft! — se atirou à água.

— Quac! Quac! — grasnava ela, e os patinhos, obedecendo à sua chamada, foram mergulhando um a um, com graciosas cabriolas. Ao saltarem, a água cobriu suas cabeças, mas logo voltaram à tona, pondo-se todos a nadar lindamente.

Todos nadavam felizes, espadanando água para todo lado, inclusive o último patinho, gorducho e feio.

— Quac, quac! — fazia a pata-mãe, venham comigo. Vou mostrar a vocês o grande mundo e apresentá-los aos patos do terreiro. Mas não se afastem muito de mim e tenham muito cuidado com o gato.

Depois do primeiro banho, e sempre acompanhada da família, a mamãe pata foi até o cercado dos patos, onde havia no momento um grande alarido, já que duas famílias disputavam uma cabeça de enguia. E quem acabou ficando com a cobiçada presa foi o gato.

— Estão vendo? Assim é o mundo! disse a mamãe pata, afiando o bico. — Façam uma reverência àquele pato velho que está ali. É o mais ilustre de todos. É de raça espanhola! Observem a faixa vermelha em volta de sua pata.

É a maior distinção que um pato pode receber. Foi colocada para que ele não se perca e para que todos o respeitem, as pessoas e os animais... Não andem com os pés para dentro. Patinhos bem educados caminham com as pernas esparramadas, como o papai e a mamãe. Assim... estão vendo? Agora, inclinem o pescoço e digam "quac".

Todos obedeceram, enquanto os outros patos do terreiro observavam, comentando em voz alta:

— Ora vejam só! Já repararam aquele patinho? Como é feio! E um dos patos pespegou uma bicada para valer no pescoço do patinho do ovo grande.

— Deixe-o em paz! — gritou a mãe em sua defesa. — Ele não incomoda ninguém, e nada tão bem quanto os outros.

— Mas é um tipo esquisito — replicou o agressor.

O pato velho, que era o mais bem educado do terreiro, aproximou-se da mamãe-pata.

A senhora tem filhos muito bonitos. Pena é o grandote, que é uma lástima!

— É verdade, meu senhor — respondeu a mãe —, mas tem bom coração e nada melhor do que os demais. Estou certa de que ele vai melhorar quando crescer. Fiquei muitos dias chocando o ovo, por isso ele nasceu tão robusto. — E assim dizendo, beliscou carinhosamente o pescoço do patinho e alisou sua plumagem. — Além do mais, é macho.

— Os outros patinhos são encantadores. Considere-se em sua casa, mamãe pata, e se achar uma cabeça de enguia traga-a para mim, por favor.

E assim os recém-nascidos tomaram posse do terreiro.

Desde o seu nascimento o pobre patinho feio só recebia bicadas, empurrões e palavras rudes. Era o alvo das brincadeiras de todos, até das galinhas tagarelas.

— Como é ridículo!

Todos riam dele.

O pobre bichinho, triste, acossado, não sabia onde se meter para que o deixassem em paz. Era motivo de brincadeiras do terreiro todo. Quando estava sozinho e ninguém o via, chorava de dar dó.

E assim foram transcorrendo os dias sem que cessassem os ataques ao patinho feio. Até seus irmãos o tratavam mal e lhe batiam por qualquer coisa.

— Tomara que o gato te pegue, bicho asqueroso! — diziam.

A própria mãe o recriminava por sua feiúra, quando estava mal-humorada.

Os gatos o perseguiam, as galinhas o enxotavam com suas asas e os galos velhos tentavam espetar-lhe seus esporões. Até a moça que trazia a comida afastava-o dela a pontapés.

Desconsolado, o patinho feio resolveu fugir, e foi o que fez certa tarde, saltando a cerca.

Com os olhos embaçados de lágrimas, ele correu, correu, até chegar a um grande brejo, habitado por patos selvagens. Cansado e dorido, ele passou ali a noite.

De manhã, seus novos companheiros, ao levantarem vôo, vieram até ele e lhe perguntaram:

— Quem é você?

Ele lhes contou sua história, em meio a soluços.

— Têm razão os que o fizeram sair do terreiro. Você é um espantalho! Mas isso não importa para nós, contanto que você não pretenda casar-se com alguém de nossa família.

E assim o patinho feio foi aceito como um novo membro daquela comunidade.

Três dias mais tarde apareceram dois gansos selvagens, ambos machos. Eram muito jovens e impertinentes, estando habituados a meter o nariz (ou o bico) em tudo.

— Ouça, camarada — eles lhe disseram — você é tão feio que acabamos por achá-lo simpático. Além do mais, ficamos sabendo que anda sempre sozinho por aí. Quer vir conosco e emigrar? Perto daqui, em outro brejo, vivem umas gansas selvagens muito gentis. São solteiras e sabem dizer "quac". Pelo menos você poderá ter algum sucesso com elas, apesar de ser tão horroroso.

Mas, nesse instante...

Pam! Pum! Imediatamente após terem soado os estampidos, os dois machos caíram mortos no meio dos caniços e a água do brejo se tingiu de sangue.

Os tiros se repetiram, e grandes bandos de gansos selvagens levantaram vôo das margens do brejo. Alguns caíram mortos, mas outros conseguiram escapar em meio ao contínuo soar das detonações.

Vários caçadores apareceram à volta do brejo, dando ainda um tiro ou outro, enquanto seus grandes e ferozes cães se lançavam à água para recolher as presas.

Que susto para o pobre patinho!

Ele já inclinava a cabeça para enfiá-la debaixo da asa quando viu ali bem pertinho um enorme mastim com meio palmo de língua de fora e uma feroz expressão nos olhos.

O cão esticou o focinho para o pobre patinho, que tremia de pavor, e arreganhou para ele seus afiados dentes, mas em seguida, ao soarem novos tiros, afastou-se sem lhe fazer nenhum mal.

— Louvado seja Deus! — suspirou o pato. — Sou tão feio que nem o cão quis morder-me!

E ficou muito quietinho, enquanto silvavam as balas no meio dos juncos e reboavam os tiros.

O dia já ia muito adiantado quando tudo silenciou, mas o patinho levou várias horas para ter coragem de tirar a cabeça de sob a asa e olhar ao seu redor.

Vendo que não havia ninguém por perto, tratou de escapulir do brejo a toda velocidade.

Correu muito tempo, debaixo de uma tempestade terrível.

Ao anoitecer chegou a uma choupana de camponeses, velha e arruinada.

O vento soprava com tanta fúria que quase o arrastava. Assustado, ele percebeu um buraco na porta da casa e se meteu por ele a dentro.

Vivia ali uma velha com seu gato e sua galinha. O gato, que a velha chamava de "filhinho", sabia ronronar e arquear o dorso com muita graça. Seu pêlo soltava chispas quando o esfregavam com força. A galinha tinha as pernas muito curtas, e a velha a chamava de "Patatorta". Mas era boa poedeira.

Só na manhã seguinte eles deram conta da chegada do forasteiro. O gato começou a ronronar e a galinha a cacarejar.

— Que há com vocês? — indagou a velha, olhando à sua volta.

— Ora veja! Um ganso bem nutrido! Tomara que ponha ovos... Vamos esperar.

O patinho foi posto em observação durante três semanas, sem resultado; o que fez a velha concluir que se tratava de um macho.

A galinha, curiosa e tagarela, perguntou ao patinho:

— Você sabe pôr ovos?

— Não.

— Então fique de bico calado e não me dirija a palavra.

— Sabe arquear as costas, ronronar e fazer seu pêlo soltar chispas? — quis saber o gato.

— Não.

— Pois então não abra o bico quando eu estiver falando. Entendido?

O pato, aborrecido, foi esconder-se num canto. Todos o desprezavam!

Logo, porém, lembrou-se do ar fresco e do sol, e sentiu uma grande vontade de mergulhar na água. Disse isso para o gato e a galinha, que o ridicularizaram, chamando-o de ignorante.

— Acho que vou me mandar por essas terras de Deus — decidiu o patinho. — Quero conhecer o mundo e me banhar no rio.

E sem pensar duas vezes, deixou a casa e pôs-se a andar... a andar... por prados e bosques, mergulhando em todo rio e brejo que encontrava pelo caminho.

Poderia ter-se sentido muito feliz se não fosse o fato de que todos os animais se afastavam do seu caminho, desaprovando o seu estranho aspecto.

— Como você é feio, companheiro! diziam todos. — É o pato mais feio de todos os que já vimos.

Com a chegada do outono, as folhas se tornaram amarelas e secas, e o vento foi ficando cada vez mais frio. O céu se cobriu de

nuvens carregadas de granizo e neve, e um corvo, pousado numa vala, grasnava "ui, ui", de tanto frio. O pobre patinho começou a passar maus pedaços.

Ao entardecer de um dia, quando o sol já se punha, o patinho viu um enorme bando de aves lindíssimas passando no céu. Eram de uma alvura deslumbrante, e todas tinham longos e flexíveis pescoços.

Tratava-se de um bando de belos cisnes.

O pobre patinho, tremendo de frio, contemplou com admiração aquelas aves, que via pela primeira vez. Entristeceu-se ao vê-las irem embora, agitando majestosamente suas grandes asas, em busca de terras mais cálidas, de maiores amplidões. Gostaria de ter podido ir com elas, de acompanhá-las em sua grande viagem.

Já era pleno inverno. O patinho via-se obrigado a nadar sem descanso, para não ficar enregelado. O buraco cheio de água em que se metera ia-se tornando cada vez mais apertado, e ele tinha de agitar permanentemente as patas para impedir que a água se transformasse em gelo e o aprisionasse.

Uma noite ele foi vencido pelo cansaço e o sono, e parou de se movimentar. E quando quis fazê-lo, ao acordar, já não foi possível. Estava preso!

Imóvel, sentia que ia morrer de frio.

Por sorte, aconteceu passar por ali um camponês que, ao ver o patinho moribundo, se compadeceu dele e libertou-o do gelo, levando-o para a sua casa. Lá, o calor de um bom fogo, onde ardiam grossas achas de lenha, reanimou-o.

Os filhos do camponês, pequenos e travessos, quiseram brincar com o patinho, mas este, julgando que iam maltratá-lo — acostumado que estava a ser desprezado por todo mundo — assustou-se e deu um salto, indo cair dentro de um grande tacho de leite. Ao ouvir os gritos da mulher, ele tomou novo impulso e acabou aterrisando dentro da manteigueira, para em seguida despencar sobre um saco de farinha.

Que gritaria! Que confusão!

A dona da casa perseguia o patinho armada com uma tenaz; os meninos tentavam encurralá-lo, em meio a risadas e guinchos. O patinho, ao ver a porta escancarada, correu para fora e se escondeu no meio de algumas moitas, na neve.

Ele se acalmou quando ouviu que fechavam a porta, e então meteu-se no bosque de novo, mais triste do que nunca.

Atravessou todo o duro inverno no brejo, no meio dos altos juncos, e ali recebeu de novo, com a chegada da primavera, os primeiros raios de sol.

Cantavam as cotovias, gorjeavam os passarinhos... Todos os animais do bosque readquiriam vida.

O patinho decidiu bater suas asas, que ruflaram e o sustentaram no ar com mais força do que nunca.

Ele sentiu o prazer de voar sobre o bosque, a carícia do cálido ar...

Lá embaixo desfilavam vales e montanhas, rios, lagos, árvores... Oh, isso sim é que era belo!

Cansado do demorado vôo, desceu e foi pousar num grande açude, onde três belos cisnes se divertiam espadanando água com as asas.

— Quero ficar na companhia dessas aves, tão bonitas! — falou consigo mesmo. — Não me importo que me matem a bicadas porque sou feio. Prefiro morrer a ser desprezado por patos e galinhas de um terreiro, a ser perseguido por gatos, a sofrer privações no inverno.

Com três fortes batidas de asa ele pousou na água e se aproximou dos belos cisnes. Estes, ao vê-lo, vieram ao seu encontro com um ruidoso bater de asas.

— Podem me matar! — gritou ele. Mas daqui eu não saio.

Ao abaixar, porém, a cabeça, à espera do golpe fatal, viu refletida na água a sua própria imagem, e esteve a ponto de desmaiar de assombro. Ele já não era uma ave desengonçada, desgraciosa, feia, de cor escura, e sim um cisne igual àqueles dos quais se tinha aproximado.

Que importava que tivesse nascido num terreiro de patos e fosse chocado pela mamãe-pata, se ele nascera de um ovo de cisne!

Os cisnes maiores descreviam círculos ao seu redor, acariciando-o com o bico, brincando com ele, oferecendo-lhe a sua amizade... E o patinho feio, que na verdade era um cisne, sentiu-se feliz pela primeira vez desde que saíra da casca.

Vários meninos apareceram nas margens do lago e se puseram a lançar punhados de grãos e pedacinhos de pão para as aves. Um deles exclamou:

— Vejam! Apareceu um cisne novo! É o mais jovem e o mais bonito de todos!

E foram correndo buscar mais pão e biscoitos para alimentar o recém-chegado.

O nosso cisne, que todos tinham imaginado ser um patinho feio, ficou encabulado ao receber tantos agrados. Que iria dizer a mamãe-pata se o visse? E os seus orgulhosos irmãos? E o gato do terreiro?

Mas não ficou envaidecido com isso, e logo se pôs a repartir com seus companheiros o que os meninos lhe davam, enquanto ouvia os comentários:

— Que lindo é o novo cisne! Que lindo!

As lianas e as flores nas margens pareciam inclinar-se para saudar aquele que, com seu esguio pescoço altivamente erguido e sua deslumbrante plumagem, refletia:

— Impossível sonhar, quando eu era apenas um patinho feio, que existisse tamanha felicidade!

O PINHEIRO MARAVILHOSO

No ponto mais espesso de um bosque milenário, havia um pinheiro que se destacava entre as outras árvores, pelo seu tamanho muito pequeno e por sua beleza.

Era lindo, de um verde intenso, e estava rodeado por pinheiros centenários, e outros pinheiros altos e frondosos, que o cobriam de sombra. Por isso mesmo é que o pequeno pinheiro ficara tão pequeno. A falta de luz atrasara o seu crescimento.

O bosque ficava perto de uma aldeia, cujas crianças iam, com freqüência, brincar no meio das suas árvores. O ponto de reunião era, infalivelmente, "depois da escola, junto do pequeno pinheiro".

O pinheiro, que queria crescer, não gostava de ouvir aquilo.

"Por que não posso ser tão alto quanto os outros?" pensava.

Ele observava, com inveja, como os pássaros faziam os seus ninhos entre os galhos das árvores frondosas, ao passo que em seus ramos só pousavam, e por pouco tempo, alguns rouxinóis ou pintarroxos. O mais humilhante é que as lebres pulavam acima de seus galhos com facilidade. E o mesmo faziam as raposas.

Era inútil tentar acelerar a passagem da seiva pelos diminutos canalículos de seu tronco; o crescimento continuava lentíssimo.

De qualquer maneira, embora lentissimamente, não parava de crescer, e um dia se regozijou, vendo que nem as lebres mais espertas

conseguiam pular por cima de seus galhos. As crianças, no entanto, continuavam marcando encontro junto dele. E, em um inverno, ele notou que a neve já não fazia se curvarem tanto os ramos.

"Não resta dúvida de que cresci" pensou ele. "Quero ser o pinheiro mais gigantesco do mundo e ver as nuvens rodeando a minha copa".

Todos os anos, apareciam no bosque lenhadores que derrubavam alguns pinheiros. O ruído dos machados con-

tra os troncos horrorizava o pequeno pinheiro. Temia que a queda de uma daquelas árvores gigantes o esmagasse. Os lenhadores, porém, tinham sempre muito cuidado, evitando danificar os pinheiros novos.

A madeira era levada logo para bem longe, em grandes carroças. Houve um outono em que a derrubada foi maior. O pequeno pinheiro ficou preocupado.

— Está parecendo que vão arrasar o bosque — disse-lhe um esquilo seu amigo. — Mas nada tens a temer. És muito jovem e ainda te restam muitos anos de vida.

— O que fazem os homens com as árvores que cortam? — quis saber o pinheiro.

— Não sei — respondeu o esquilo. — Sou novo aqui. Mas podemos perguntar à cegonha, que viaja muito.

A cegonha ficou muito satisfeita de poder entrar na conversa.

— Quando estava voltando do Egito — contou — passei por uma frota de navios recém-construídos, que tinham ótimos mastros. Tive a impressão de reconhecer entre eles algumas das árvores deste bosque. Resolvi descer, e pousei no mastro real de uma fragata. Ele me contou que crescera à margem do lago dos cisnes, que fica aqui perto. E mandou muitas lembranças aos companheiros. Estava muito imponente, muito, recortado sobre o azul do mar.

— O que é o mar, Senhora Cegonha? — perguntou o pequeno pinheiro.

— Bem... É... O mar... Todo o mundo sabe o que é o mar! Mas não sei se entenderias.

A cegonha partiu. E partiram outras aves e o esquilo. O pinheiro ficou sozinho de novo.

O inverno se aproximava, e as aves emigravam. O sol era mais querido do que sempre, pois restavam poucos dias claros e brilhantes.

Com as primeiras neves, iniciaram-se, nas proximidades da aldeia,

os preparativos para as festas do Natal. E, como em todos os anos, apareceram no bosque lenhadores de uma espécie diferente.

Eram camponeses simples, muito alegres, acompanhados de suas famílias.

Traziam machadinhas e vinham em pequenos carros ou carroças.

As crianças e as mulheres é que mostravam a árvore que queriam lcvar, cscolhcndo sempre as menores e mais bonitas. E, não sem tremer, o pequeno pinheiro viu como muitos arbustos eram cortados e levados depois para os carros, com todos os seus ramos.

"Que engraçado!" pensou o pinheiro. "Não tiram os galhos. Por que será?"

— Eu sci! — dissc um gorrião, que estava ali perto, apanhando umas sementes. — Estive na aldeia e vi arbustos enfeitados de guirlandas e luzes coloridas. Põem presentes neles.

"Terei a sorte de me escolherem este ano?" pensou o pinheiro. "O que o gorrião contou é uma coisa mais bela do que navegar pelos mares".

Os raios do Sol, que ouvem tudo, aconselharam-no:

— Alegra-te conosco e com a tua vida no bosque! Goza a juventude, debaixo do sol!

O pequeno pinheiro, que agora desejava ardentemente ver-se rodeado por uma família, coberto de enfeites e guloseimas, esperou com ansiedade dias e dias, sem que ninguém voltasse ao bosque.

Passou o Natal, e o pinheiro se sentia muito triste. Nem mastro de navio, nem enfeite de um lar! A chegada da alegre primavera mal foi capaz de animá-lo. Os pequenos animais do bosque conversavam com ele, os raios do Sol o acariciavam. Mas em vão.

Passou o verão e, no outono, os lenhadores voltaram a escolher os pinheiros mais altos e mais frondosas. E de novo o tempo seguiu o seu curso.

Com as primeiras neves, renasceu a esperança do pinheiro. Seria daquela vez?

E, certo dia...

— Olha, mamãe! Nunca vi uma árvore tão bonita!

Era uma família. Os pais, que estavam passando meio distraídos, pararam quando ouviram o menino.

— É grande demais, meu filho, nem cabe na sala disse o pai, um homem muito jovem ainda, com um sorriso. — Há outros menores.

— Podíamos pô-lo junto da lareira — sugeriu a mulher. — Nunca vi um pinheiro tão lindo.

Ao ouvir aquelas palavras, o pinheiro sentiu uma imensa alegria.

— Está bem, meu filho disse o homem. — Vamos levá-lo.

E, depois de um breve exame, começou a descarregar machadadas, com toda a força, enquanto o menino dava pulinhos de alegria.

O pinheiro sentiu uma dor aguda atravessar o seu cerne. O medo o dominou. Ia morrer! E fez votos para que o deixassem em paz, embora ferido como já estava.

Era tarde demais, no entanto.

As machadadas não pararam, enquanto a arvorezinha não tombou.

"Estou desmaiando" pensou o pinheiro.

De fato, perdeu o conhecimento. Recuperou-o, porém, ao ouvir alguém dizer ao seu lado:

— Desçam-no com todo o cuidado. Não quero que se quebre nenhum de seus galhos.

— Que linda árvore, senhor! — disse outra voz. — Muito mais bonita do que as dos outros anos!

O pinheiro se sentiu plenamente feliz, então. Levaram-no com todo o cuidado até uma ampla sala, cujas paredes ostentavam re-

tratos da família. No fundo, havia uma lareira acesa, que assegurava uma temperatura agradável. Os móveis eram de luxo: mesas, cadeiras e sofás de pés torneados, e viam-se ainda ricos bibelôs, objetos de prata e porcelana.

O pinheiro sentiu-se realmente orgulhoso por ter ido parar na casa do homem mais rico do lugar. Que diriam os seus companheiros do bosque se pudessem vê-lo?

Sentiu que o punham de pé, dentro de uma grande tina cheia de terra macia. Logo em seguida começaram a enchê-lo de enfeites coloridos. E a partir de então, reinou a maior animação em torno dele.

— Cuidado com este galho! — Advertia alguém. Não ponha tanto peso aí!

Colocaram guirlandas douradas e prateadas... E velas!

— As estrelas, papai! Nós não alcançamos o alto!

O dono da casa atendeu ao pedido dos filhos. E o pinheiro, com aquela coroa dourada que brilhava como as luzes, se sentiu levado ao paraíso. Ninguém, no mundo, era mais importante do que ele!

À noite, reunida a família ao seu redor, foram entoados cânticos natalinos e distribuídos presentes. O pinheiro se sentia cada vez mais entusiasmado.

Desapareceram de seus ramos os doces, os brinquedos, os embrulhos, no meio de exclamações de alegria.

Depois, todos se afastaram e se sentaram em torno de uma grande mesa, onde foram servidas as mais saborosas iguarias. Junto da aconchegante lareira, o pinheiro contemplava a cena, muito satisfeito da vida.

Após a ceia, todos se sentaram diante da lareira, perto do pinheiro, e o mais velho da família começou a contar histórias para as crianças, que o escutavam, embevecidas. Falou-lhes de anões, de fadas, de príncipes, bruxas, gigantes e feiticeiros. Ao ouvir falar dos bosques encantados, o pinheiro sentiu as folhas tremerem de emoção.

Dentro de algum tempo, porém, as crianças foram dormir, e somente os adultos continuaram conversando. Afinal, apagaram-se todas as luzes, e o pinheiro se viu sozinho, iluminado unicamente pela débil claridade da lareira.

E fez-se um silêncio absoluto.

No dia seguinte, o silêncio continuou. E o pinheiro sentiu falta do gorjear das aves do bosque. A casa se mostrava bem diferente do que fora na véspera. E, para confirmar a diferença, apareceram uns criados que arrancaram o pinheiro da barrica cheia de terra macia e o levaram para o alto de uma comprida escada, guardando-o em um sótão muito escuro.

"O que significa isto?" pensou o desalentado pinheiro. "Por que me trouxeram para cá?"

E o pior foi que se passaram as horas, os dias, as semanas, e ninguém aparecia naquele lugar sombrio. A única visita que recebeu foi de dois ratos, que se meteram entre as suas folhas.

— O que estão fazendo aqui? — perguntou o pinheiro.

— Estamos no protegendo contra o frio — respondeu um dos ratos. — Está nevando sem parar e faz um frio que ninguém agüenta! Na verdade, estaríamos muito melhor na despensa, no meio dos queijos.

— E eu estaria muito melhor no bosque, que é o lugar mais maravilhoso do mundo —desabafou o pinheiro.

— Nós nunca saímos daqui — disse o rato. — Não sabemos o que é o bosque. Só nos afastamos deste sótão para procurar comida. Agora mesmo vamos dar uma volta lá na cozinha, que estamos com muita fome.

E os roedores saíram.

Tempos depois, abriu-se a porta do sótão e entraram dois criados.

— Segura o tronco e me ajuda a levá-lo daqui — disse uma voz áspera e mal-humorada.

O pequeno pinheiro assustou-se, abstraído como estava, preso à saudade, às lembranças dos espaços abertos do bosque.

Sentiu-se levantado, sem muito cuidado, e o levaram para fora de casa, jogando-o no chão, sem maiores preocupações.

"Naturalmente vão colocar-me em uma carroça para levar-me ao bosque e tornar a plantar-me, para ficar até o próximo Natal" pensou o jovem pinheiro.

À luz do sol, no entanto, pôde ver que as suas folhas estavam secas e amarelecidas. E logo compreendeu que o seu destino seria bem diferente do que imaginara.

Um barulhento grupo de meninos apareceu, e um deles, aproximando-se do pinheiro, tirou a estrela de papel dourado que ainda se achava presa à sua copa.

— É a árvore de Natal! — exclamou o menino.

— Que árvore mais feia! — comentou outro menino.

E a meninada foi-se embora, deixando o pobre pinheiro amargurado com o que ouvira. E, olhando-se, teve de reconhecer que o seu aspecto era realmente deplorável, coberto de pó e sem o verde brilhante, como estava agora. Aquela tonalidade verde que lhe assegurava antes beleza e brilho!

Já era tarde para lamentar-se, mas o fato é que as suas ilusões haviam se desfeito. Jamais seria tão feliz como entre os seus irmãos, os pinheiros centenários, os gigantescos pinheiros do bosque e seus irrequietos animais, coelhos, esquilos, raposas e tantas aves.

Um dos criados que o levaram para o pátio reapareceu com um afiadíssimo machado e, dentro em pouco, a árvore estava transformada em lenha para alimentar o fogo da lareira, na mesma sala onde o desventurado pinheiro gozara da admiração geral na festa natalina.

Como estavam muito secos, os seus ramos queimaram com extrema facilidade, e as chamas crepitaram vivamente.

O dono da casa, que fumava o seu cachimbo junto à lareira comentou com a esposa:

— Vê quantas chispas lança o pequeno pinheiro do Natal. Parece que nos quer alegrar até o seu último momento.

E a mulher replicou, sorrindo docemente:

— Nunca vi uma árvore tão linda.

E o pequeno pinheiro, que estava morrendo convertido em chamas, sentiu-se de novo feliz ao ouvir tais palavras.

Agonizante, ele se lembrou do menino que tirara de sua copa a estrela dourada e a prendera no peito, como uma insígnia, muito orgulhoso de ostentá-la.

Lembrou-se também do esquilo do bosque e da cegonha. Uma parte da seiva que ainda restava em suas veias, convertida em resina,

pôde chegar aos seus olhos ardentes e avermelhados. Eram as lágrimas da despedida, no doloroso momento do adeus.

E, dentro em pouco, do jovem e orgulhoso pinheiro só restaram cinzas.

Essas cinzas, porém, seriam levadas pelo vento, e, de certo modo, uma parte de seu ser regressaria ao bosque onde nascera. O ciclo da vida prosseguia: nascer, viver, morrer... e outros seres, cheios de ilusões, ocupam o lugar deixado por seus antecessores.

Até quando? Para sempre!

O VELHO SINO DA IGREJA

No Estado de Wurttenberg, na Alemanha, famoso por suas belezas naturais, fica uma linda cidade chamada Marbach, à margem do Rio Neckar, que rega férteis vinhedos, passa por velhos e imponentes castelos e desemboca no majestoso Reno.

Há muito tempo, vivia ali um jovem casal, muito feliz com o breve nascimento do seu primeiro filho. Fumando um cachimbo de madeira, o marido olhava para a mulher com um sorriso de felicidade entreabrindo os lábios.

Era um casal humilde, de artesãos. Enquanto o esposo conserta-va as rodas das carroças que procuravam a sua oficina, a esposa se dedicava aos trabalhos domésticos e cultivava uma horta que lhe fornecia grande parte do que precisavam para o seu sustento.

O filho que esperavam era uma bênção do céu, que lançava a sua semente na safra ininterrupta da vida. O humilde casal nada temia. Confiava em Deus e em sua generosidade.

Assim, no momento do nascimento do menino, o sino da igreja próxima avisou aos fiéis, como era costume. Para os regozijantes pais, o tilintar do bronze parecia dizer:

— Dlim, dlão! Dlim, dlão! Nasceu o nosso querido filho! Dlim, dlão! Dlim, dlão! Tem os olhos claros e brilhantes! Dlim, dlão! Dlim, dlão! Os seus cabelos brilham como o ouro! Dlim, dlão! Já somos uma família!

Os pais beijaram o filho, envolveram-no em alvíssimas roupas de algodão e escreveram na primeira página da sua Bíblia:

"Hoje, 10 de novembro de 1759, Deus nos concedeu um filho".

Mais tarde, acrescentaram: "No batismo, demos-lhe o nome de João Cristóvão Frederico".

Qual seria o futuro daquele menino, filho de um pobre casal da cidadezinha de Marbach? Ninguém sabia. Sequer o velho sino da igreja, que fora o primeiro a dar notícia de sua chegada ao mundo.

O menino cresceu em um ambiente feliz, porém limitado.

Quando nasceu o segundo filho do casal, uma linda menina, a família se mudou para outra cidade, onde havia melhores possibilidades de se ganhar a vida.

Aos seis anos, o menino, dono de uma inteligência privilegiada, já conhecia varias passagens da Bíblia e dos grandes poetas da época. Seu pai costumava, depois da ceia, ler em voz alta para a família. João Cristóvão Frederico e sua irmãzinha escutavam, então, a leitura atentamente.

Sete anos depois de terem saído de Marbach, a mãe e o filho voltaram em uma visita. Tinham saudades de lá, guardavam consigo gratas recordações. Para a mãe, aquela visita significava reviver a infância, a juventude, o seu primeiro e único amor, seu casamento, os filhos...

Para João Cristóvão Frederico a cidadezinha fazia lembrar o carinho dos pais, o calor da lareira, as brincadeiras no jardim... o seu despertar para a vida.

A cidade era a mesma, mas algo havia mudado. O sino da igreja se encontrava agora junto ao muro do cemitério. Outro sino ocupava o seu lugar na torre da igreja.

— Este sino anunciou o teu nascimento, meu filho disse a mãe ao menino. — E asseguro-te que, mesmo sendo velho, não tinha rival em sua sonoridade. Mas foi atingido por um raio que o danificou e aí se encontra abandonado, depois de ter anunciado festas e incêndios, casamentos, batizados e enterros. Nenhum acontecimento escapava de sua atenção.

Acompanhou a vida de muita gente, desde o berço até a sepultura.

O menino ouvia emocionado aquelas palavras, e, instintivamente, estendeu a mão, e como que acariciou o bronze, enquanto com os

pés afastava as urtigas que cresciam em sua base. O que seria daquele sino? Talvez o prefeito da cidade resolvesse fundi-lo e transformá-lo... em quê?

Durante toda a vida, João Cristóvão Frederico se lembrou do sino agora mudo e esquecido. E viveria nele além de sua própria vida material.

A viva inteligência do jovem o levou à Escola Militar, onde estudavam os filhos das mais destacadas famílias. Ali aprendeu a obedecer e a comandar. Soube aproveitar o apoio que recebeu em sua ascensão social e mostrar-se grato aos que o ajudaram, mas jamais se esqueceu do sino de Marbach.

Começou a escrever poemas e um dos mais belos se chamava “O Sino”. E deixou a farda: não nascera para mandar ou ser mandado. Amava a liberdade, por temperamento: queria ser um grande homem, escrever, ensinar, cantar, viver.

E, numa noite em que se celebrava uma grande festa na capital do reino, o jovem fugiu de sua pátria para o estrangeiro, separou-se dos seres mais queridos, em busca de emoções, de outras culturas.

Passaram-se os a nos sobre ele e sobre o velho sino abandonado no cemitério. João Cristóvão Frederico conheceu de tudo durante aqueles anos, desde míseras hospedarias até soberbos palácios.

E se tornou famoso, admirado. Converteu-se no mensageiro do espírito universal.

E sofreu, como todos, os ultrajes do tempo... Envelhecendo, tornou-se mais sábio e mais famoso ainda.

Também sobre o sino passaram-se centenas e centenas de noites frias e de dias cálidos. E, certa manhã apareceram alguns homens que o levaram para a fundição na Baviera. Já fora escolhido o seu destino.

Iria servir para formar parte de um monumento que seria erguido em memória de um herói nacional, muito mais famoso depois de morto do que em vida. O escultor seria Bertal Thorwaldsen, filho de um lenhador dinamarquês, ao qual coube a honra de imortalizar João Cristóvão Frederico.

Haviam se passado cem anos, desde o dia em que o velho sino anunciara o nascimento de um homem que a humanidade ainda admira e que se chamou João Cristóvão Frederico Schiller.

Em sua estátua se converteu o sino que anunciara o seu nascimento.

Poderá. haver neste mundo maior glória para um velho sino do que anunciar o seu nascimento e representar a sua imagem perante a humanidade inteira?

Schiller pode ser visto diante
do Grande Palácio de Stuttgart.

AS FLORES DA PEQUENA IDA

A pequena Ida olhava, expectante, para o jovem estudante, que se esforçava para se manter sério, tal era a graça que achava na menina.

— Minhas flores estão murchando. Ontem à noite estavam muito lindas e agora pendem frouxas, quase sem vida. Você pode me explicar isso, moço?

— Você quer mesmo saber de verdade? Mas você não vai acreditar. E sua família vai acabar me proibindo de vir à sua casa.

— Não vou deixar que isso aconteça. Só você sabe me contar histórias lindas. Diga, por que minhas flores estão hoje com uma cara tão triste?

— Na noite passada as suas flores foram a um baile.

— Não brinque! As flores não dançam!

— Claro quc dançam. Mal nos recolhemos para dormir, elas organizam suas festas.

— E onde é que elas dançam? Oh, como eu gostaria de vê-las!

— Você conhece o jardim do grande palácio onde o rei passa o verão? Pois ali são realizadas festas lindíssimas. São bailes maravilhosos, dos quais participam até os cisnes do lago.

— Não é possível, moço. Ontem fui a esse jardim com minha mãe. As folhas das árvores tinham caído e não havia nem uma flor ali. Para onde terão ido?

— Estão dentro do palácio — respondeu o jovem. — Quando o rei e a sua corte voltam para a capital, as flores correm a se refugiar nos grandes salões, para se divertirem. As duas rosas mais bonitas sentam no trono. Quando começa o grande baile, as violetas se transformam em guardas-marinha e dançam com os jacintos e os açafrões. As tulipas e as açucenas são os cortesãos que gozam dos favores reais.

— E ninguém censura as flores por dançarem no salão real?

O segredo é muito bem guardado. Quando o velho guardião percorre o palácio para ver se tudo está em ordem, as flores, que têm um ouvido muito fino, se escondem detrás dos reposteiros e até debaixo dos móveis. De vez em quando o vigilante pára e murmura: "Aqui está cheirando a flores." Mas como não vê nenhuma, ele se retira. Se você visse as risadas que dão as ardilosas margaridas e os travessos cravos!

— Como deve ser divertido! Eu não poderia ver isso?

— É só você chegar bem de mansinho a uma das janelas, para que não percebam a sua presença. As flores, embora você não acredite, podem voar. Você já prestou atenção nas mariposas? Elas são de todas as cores. Bem, na verdade as flores faziam isso em outros tempos e algumas ainda fazem. Elas se soltam do talo e agitam as folhas, como se fossem asas.

Os olhos da menina se arregalavam de assombro.

— Oh! — era só o que conseguia dizer.

— Vou contar a você uma coisa que deixaria pasmado o professor de botânica que mora perto daqui. São as mariposas que dão às flores da cidade a notícia de que vai haver uma festa no palácio.

— Mas... as mariposas e as flores falam umas com as outras?

— Bem, falar elas não falam. Mas se entendem por meio de sinais. Você já notou que quando sopra uma ligeira brisa as flores se agitam? É uma forma de falar. As mariposas usam as asas para isso.

— O professor entende essa linguagem?

— Não sei. É possível que sim. Ele foi ao jardim uma manhã e surpreendeu uma formosa urtiga fazendo gestos muito descarados para um cravo vermelho, como se dissesse: "Você é muito lindo e estou apaixonada por você". O professor deu um tapa na atrevida planta e esta, ao se defender, espetou-lhe os dedos.

— Que engraçado! — exclamou Ida, soltando uma risada. Quando ficou sozinha, a menina passou um bom tempo pensando no que lhe havia dito o estudante sobre a vida secreta das flores. Depois olhou para as que estavam em sua janela.

— Pobrezinhas! Ainda estão cansadas do baile de ontem. Vou cuidar de vocês para que não adoeçam.

Pegou-as com muito cuidado e as levou junto com os brinquedos, colocando tudo sobre uma mesa. Na cama das bonecas estava uma linda bruxa de pano. Ida falou:

— Sofia, você vai ter de dormir numa das gavetas. As flores estão doentinhas.

Ela então deitou as flores e as cobriu com uma pequena manta.

— Descansem em paz. Daqui a pouco trago um pouco de chá, e amanhã vocês estarão de novo alegres.

Fechou as cortinas para que o sol não as incomodasse e passou o dia brincando com um castelo de papelão. Antes de se deitar, foi olhar, por trás das cortinas, para o grande terraço onde estavam as flores de sua mãe.

— Ah, sirigaitas, eu sei que vocês vão dançar esta noite!

As flores, fazendo-se desentendidas, não moveram uma única folha. Ida, já na cama, imaginou que lindo seria ver uma das festas a que o estudante se referira. Com tão agradáveis pensamentos ela adormeceu, por fim.

Acordou à meia-noite. No quarto reinava o silêncio.

— Será que minhas flores continuam na caminha da Sofia? — ela se perguntou.

Sentou-se na cama e olhou para a porta do quarto de brinquedos, que estava mal fechada.

Apurando o ouvido, pareceu-lhe perceber o som abafado de um piano.

— Não há dúvida de que as flores estão dançando! Como eu gostaria de ver isso!

Não podendo resistir à curiosidade, a pequena Ida desceu da cama de mansinho e se aproximou, na ponta dos pés, da porta do quarto de brinquedos. Espiou por uma fresta e ficou encantada. Deus do céu, como era maravilhoso o que via!

A lua, passando através da janela, iluminava o quarto como se fosse dia. Os jacintos e as tulipas estavam alinhados formando fila dupla. Sentado ao piano de brinquedo estava um grande lírio amarelo, que tocava a música mais suave que se podia imaginar.

A pequena Ida olhou para os vasos que ficavam na janela. Não havia neles uma única flor. Todas dançavam graciosamente em círculo, formando correntes. Presas umas às outras por grandes folhas verdes, elas giravam, giravam...

O espetáculo era deslumbrante. Ida, que passava inteiramente desapercebida, viu o momento em que um grande açafrão saltava para a mesa dos brinquedos e se dirigia à cama das bonecas. Com muito cuidado, ele tirou a pequena manta que cobria as flores.

— Vocês continuam doentes, ou querem tomar parte na festa?

Tudo isso foi sem palavras, apenas com o movimento das folhas, que Ida conseguiu entender, por extraordinário que pareça. E a resposta das flores foi saltarem elas do leito, cheias de animação.

Uma antiga estatueta de um limpador de chaminés que devido a uma desastrosa queda tinha perdido o lábio inferior, pôs-se de pé e fez uma graciosa reverência às flores.

De repente, algo inesperado caiu no meio das bailarinas. Era uma velha correia, ou seja, um cinto de couro trançado com muitos enfeites de papel, que havia sido presenteado a ela num carnaval.

Um bonequinha com um chapéu de papel pôs-se a cavalgar a correia, terminando todo mundo numa animada mazurca, em meio aos aplausos das flores. A pequena Ida ouviu o boneco gritar:

— Como podem mentir desse jeito! Quanta tolice!

As guirlandas de flores que adornavam o cinto começaram a crescer até envolverem o boneco que ameaçava perturbar a festa. Umas margaridas, muito atrevidas, se meteram na dança, enquanto um lírio, de pé e empunhando um bastão verde, passou a comandar o baile.

Em breve o alvoroço se tornou tão grande que a boneca Sofia acordou de seu sono profundo dentro da gaveta.

— Por que não me avisaram que havia um baile? Isso não se faz com uma amiga! — reclamou ela ao limpador de chaminés.

— Você quer ser meu par? — ele perguntou à boneca.

— Um belo bailarino você me parece — retrucou ela, virando-lhe as costas.

O limpador de chaminés, ofendido, afastou-se de Sofia. E como nenhuma flor quisesse dançar com ele, porque era muito desajeitado, ele dançou sozinho.

Sofia, presa em sua gaveta, esperava em vão que alguém a ajudasse a sair dali. Já que ninguém lhe prestava atenção, ela deu um pulo e... plaft! caiu ao chão.

Algumas flores vieram socorrê-la, mas Sofia, pondo-se logo de pé, disse que não sofrera nada e que desejava tomar parte nos festejos.

— Você podem continuar dormindo na minha cama até que fiquem boas.

As flores, entristecidas, olharam para ela, e uma disse:

— Obrigada, Sofia. Mas todas nós estaremos mortas amanhã. Diga a Ida para nos enterrar no jardim, onde repousa o velho canário. Assim, no próximo verão ressuscitaremos mais belas do que agora, e talvez seja até possível que a gente aprenda a cantar.

Sofia beijou as flores, muito comovida, pensando em como ia ser triste o inverno sem flores.

Nesse momento uma forte rajada de ar abriu de par em par as portas do quarto, e por elas entraram inúmeras flores.

— Devem ser as do palácio... ou do Jardim Botânico, pensou Ida.

À frente da singular comitiva marchavam duas rosas de uma cor maravilhosa: eram o rei e a rainha das flores. Atrás vinham os mais belos goivos e cravos que se pode imaginar, saudando todo mundo.

A banda de música era formada por vistosas sensitivas e peônias, que tocavam instrumentos feitos com vagens de ervilha. As campânulas e as amapolas chocalhavam como se fossem pequenas cascavéis.

A música era muito original e alegre, e ao seu compasso, fechando a comitiva, dançavam violetas e amarantos vermelhos, margaridas, gladíolos e hortênsias.

Que espetáculo fascinante e belo!

A pequena Ida estava vivendo os instantes mais felizes de sua existência.

O relógio de uma igreja fez soar três lentas badaladas. E as flores, que nunca tinham ficado acordadas até tão tarde, começaram a sentir sono. As músicas cessaram e as bailarinas começaram a se despedir umas das outras.

A pequena Ida voltou para a sua cama, onde tornou a sonhar de novo tudo o que tinha acabado de presenciar.

Na manhã seguinte, a se perguntar se havia sido realidade a festa das flores, ou apenas fruto de sua imaginação durante o sono, ela correu à mesa onde ficavam os seus brinquedos, foi à cama das bonecas, suspendeu a manta e... sim, lá estavam todas as flores. Mas jaziam inteiramente murchas, já mortas.

A boneca Sofia continuava na gaveta onde a deixara.

Conseguiu acordá-la, não sem sacudi-la exaustivamente, e lhe perguntou:

— Você se lembra do baile da noite passada?

A boneca manteve um rosto inexpressivo, como se não tivesse entendido ou não quisesse saber do que a menina estava falando.

— Você é uma pateta mal-agradecida! — gritou-lhe Ida. — Eu me lembro muito bem de tudo.

Mais tarde, ao se encontrar com os primos no jardim, Ida quis saber se eles sonhavam. Foi Adolfo quem respondeu:

— Bem, a verdade é que os estudos não me deixam muito tempo para sonhar. Mas esta noite sonhei que estava com muita sede... Olhei para a mesinha e não vi o copo de leite que mamãe põe ali para mim todas as noites... E o jarro de água estava vazio. Quis levantar, e aí me dei conta de que a roseira da. janela tinha crescido tanto que seus ramos enlaçavam o meu corpo. Cada vez que tentava me livrar deles, os espinhos se cravavam na minha carne, obrigando-me a ficar quieto. Minha sede foi aumentando até se converter em algo insuportável. Meus lábios estavam secos e gretados. Tive a impressão de que ia morrer.

— E como terminou tudo? — perguntou Ida, interessadíssima.

— Foi quando um dos ramos se colocou à altura de minha boca e nele surgiram duas lindas flores, com as pétalas cobertas de orvalho. Várias gotas caíram sobre meus lábios sedentos e...

— Bem — continuou ele aí eu me vi livre e pude saltar da cama. Aproximei-me da roseira da janela e lembrei que fazia muitos dias que não a regava. Fui à cozinha buscar água e molhei a planta, que reviveu no mesmo instante.

— Não foi mais do que um sonho — falou Ida.

— Foi o que pensei... Mas esta manhã descobri uns pontos vermelhos na minha pele, como se os espinhos me tivessem aprisionado de verdade... E você pode vê-los.

Ida se encheu de espanto ao ver as manchas vermelhas no rosto de seu primo Adolfo.

Dez Histórias de Fada de Andersen é o número 1 da coleção Dez Belos Contos. Impresso na Sografe Editora e Gráfica Ltda., à rua Alcobaça, 745 - Belo Horizonte, para a Villa Rica Editoras, à Rua São Geraldo, 53 - Belo Horizonte - MG. No catálogo geral leva o número 20011/1B ISBN: 978-85-7344-784-2